.

Ag Greadadh Bas sa Reilig

Clapping in the Cemetery

Ag Greadadh Bas sa Reilig

Clapping in the Cemetery

Louis de Paor

*Translations from the Irish by the author,
with Biddy Jenkinson, Mary O'Donoghue
and Kevin Anderson*

Cló Iar-Chonnachta
Indreabhán
Conamara

An Chéad Chló 2005
© Cló Iar-Chonnachta 2005

ISBN 1 902420 94 2

Dearadh clúdaigh: Creative Laundry
Dearadh: Foireann CIC

Tugann Bord na Leabhar Gaeilge
tacaíocht airgid do Chló Iar-Chonnachta

Bord na
Leabhar
Gaeilge

Faigheann Cló Iar-Chonnachta cabhair airgid
ón gComhairle Ealaíon

arts
council
an chomhairle
ealaíon

Clóchur: Cló Iar-Chonnachta, Indreabhán, Conamara
Teil: 091-593307   **Facs:** 091-593362   **r-phost:** cic@iol.ie
Priontáil: Betaprint, Baile Átha Cliath 12.
Teil: 01-4299440

4

Clár

One of the few pleasures of writing
is the thought of one's book in the hands
of a kind-hearted intelligent person somewhere.

I can't remember what the others are right now.

(Franz Wright)

Réabadh na Reilige
agus Flaitheas na Filíochta

Tráthnóna i mí Eanáir
nuair a chas an leathchruinne thuaisceartach
ar a sáil ar ais i dtreo an tsolais,
tháinig scéala gan choinne
gur shéalaigh an aintín ab ansa leat.

Chaitheamar an oíche á faire,
á mealladh le focail
a ghreamaigh a scáil seal eile abhus.

Réabamar reilig na cartlainne
a chuimsigh stair do dhearbhfhine . . .

Tá cuid mhaith de na comharthaí sóirt a bhain riamh le
filíocht Louis de Paor cuimsithe sna línte seo ó thús an scothdháin
'An Chéad Lá Riamh': an chomhbhá íogair lena chéile, an spéis i
scáileanna, an t-aitheantas a thugtar do chumhacht an fhocail agus
d'údarás an tseanchais teaghlaigh, an scéala aduaidh ó i bhfad i
gcéin a thugann spléachadh dúinn ar fhairsinge an domhain agus
tuiscint éigin do rithimí na cruinne. Faoi mar a dhéanann an
leathchruinne thuaisceartach sna línte seo, is é is dual don fhile seo
de bhunadh Corcaíoch, a chaith mórán blianta ina chónaí san
Astráil, casadh 'i dtreo an tsolais', bíodh is go n-aithníonn sé
chomh maith céanna claonadh na cruinne 'i dtreo na gcríocha
fuara'. 'Siúlann Feabhra faoi spéaclaí daite' trí chuid de na dánta
anseo istigh agus 'raicéad leadóige faoina hascaill' aici ('Adharca
Fada'), ní áirím na cailíní den uile ghné, idir óg is chríonna, ard is
íseal, 'ramhar, seang, torrach / breicneach, mílítheach, déadgheal' a

fheicimid ag 'catchoisíocht ar aghaidh na gréine' ('Fáinleoga'). Tá
fairsinge agus fáilteachas as an ngnách ag roinnt le saothar de Paor,
ina dtugtar an t-aitheantas cuí d'éagsúlacht agus d'aduaine na
gcríoch ina bhfuil an file ag cur faoi, agus d'ilchineálachas na
ndaoine atá mórthimpeall air. Mar sin féin, is léir i gcónaí gur
luachmhar leis freisin ancaire an dúchais agus an dlúthcheangal le
buanbhaile a chothaítear le fonn.

Sara dtosnaigh an guthán ag bualadh,
tráthnona i mí Eanáir,
bhí crainn líomóin ar chúl an tí
ag lúbadh faoi ualach solais
is an ghrian á searradh féin
le géaga cait.

Bhí pearóid in éide easpaig
ag praeitseáil le scuaine mionéan
a d'éist lena sheanmóin ghrágach
chomh cráifeach, corrathónach,
le buachaillí altóra . . .

('Glaoch Gutháin')

Cuimhní glé ó óige an fhile is mó a threisíonn an ceangal seo,
cuimhní a chaomhnaíonn sé le cúram i gcomhpháirt lena
dhlúthchairde ó na seanlaethanta.

. . . is do ghuth easumhal ag rásaíocht
mar a bheadh *rollercoaster* ceannscaoilte
sa charnabhal i mBun an Tábhairne.

I lár an mheirfin i gcathair Melbourne
bhí frascheol píbe ag clagarnach sa tseomra . . .

('Glaoch Gutháin')

Bíodh is go dtugtar ómós don 'ghuth easumhal', is go mórtar go seasta an té atá tiufáilte, ainrialta, ceannairceach, ní chiallaíonn sé seo ar chor ar bith go dtugtar cúl le cine ná go séantar an stair, ar an leibhéal pearsanta ná poiblí. A mhalairt ar fad. Maireann an 'seanashaol' ina steillbheatha an athuair san fhilíocht seo, ní hamháin i gcuimhní príobháideacha an fhile féin, ach sa chomóradh a dhéantar, mar shampla, ar phearsana eiseamláireacha ar nós 'Laetitia Huntingdon' i ndán den teideal céanna, atá lán de thae seasmaine is de ghramafóin, de pharasóil ar vearandaí Éadbhardacha. (Líne ón dán eiligiach áirithe seo, mar a tharlaíonn, a thugann a theideal don chnuasach trí chéile.) Déantar ceiliúradh chomh maith ar dheaideo an fhile, a shuíodh ina chathaoir uilleann 'chomh socair le bó / nó coca féir i ngort istoíche' agus a raibh scileanna rúndiamhracha ar a thoil aige, idir mhór agus mhion, nach bhfuil a n-iarsma le haimsiú, faraoir, i 'láimh shaonta' an fhile féin, ná ina 'aigne bhruachbhailteach / gan chruáil, gan taise'. Sa dán 'Tigh Iarbháis', ar bhean nach n-ainmnítear de mhuintir an fhile, deirtear linn gur 'bhraitheamar a scáil thromchosach sa chistin', agus go deimhin braitear scáileanna dá leithéid seo ar fud an bhaill, ag déanamh a mbealaigh go bóiléagrach trí dhánta éagsúla. Má tá *comeback* de shórt éigin déanta, mar shampla, ag an gceoltóir *R&B* Rory Gallagher le blianta beaga anuas, agus glúin óg úr meallta ag a chuid ceoil, níor lig de Paor riamh i ndíchuimhne é, mar is léir ón dán 'Rory', a thugann siar muid chuig lár na seachtóidí nuair a bhí an laoch áirithe seo in ard a réime.

Ar fhaitíos na míthuisceana, is gá a mheabhrú nach ar fán go hiomlán i measc scáileanna na staire nó ar bhóithríní na gcuimhní a bhíonn de Paor, ná baol air. Má dhíríonn spéaclaí adharcimeallacha na seanmhná sa dán 'Gloiní' 'a súil ghrinn ar éigin ar an aimsir láithreach', ní hamhlaidh don fhile féin é. Léiríonn 'Fáilte Uí Dhonnchú' truamhéala fhíochmhar an fhile do bhean déirce ón Rúmáin agus é ag tabhairt aghaidhe ar na héagóracha iomadúla a eascraíonn as polasaithe imirce na tíre seo faoi láthair, gan trácht ar dhoicheall agus leisce an Tíogair Cheiltigh agus bóthar an ilchultúrachais á thaisteal go drogallach aige. An greann dóite agus an íoróin is fearr a oireann, uaireanta eile, mar fhreagra ar na teipeanna comhthuisceana a bhíonn de shíor ag crá ár gcultúir choitinn.

> Ócé . . . níor tháinig an Dr Paisley ná Easpag Luimnigh
> go dtí na ranganna éacúiméineacha
> i gClub an Chonartha . . .
>
> ('Gaeilgeoirí')

Tagann an coinsias sóisialta agus an chuimhne phearsanta le chéile ar bhealach rí-éifeachtach in áiteanna áirithe, mar shampla sa dán dar teideal 'An Gort Arbhair', dán fada faoi uafás a imrítear ar pháiste óg. Tá grá agus comhbhá an tuismitheora le rianú go soiléir sa dán 'Gramadach', ina dtugann ceardaí seo na bhfocal a cheart do bhéarlagair réamhurlabhraíoch a linbh gona 'bhrí uilíoch'. Tá a leithéid chéanna le haithint in 'Iarlais', dán a bhaineann leas as ceann de na híomhánna is cáiliúla agus is uafásaí ó ré Vítneam, an grianghraf úd den chailín óg lomnocht ag rith síos bóithrín tuaithe, í ag scréachaíl le sceoin agus a sráidbhaile dúchais faoi ionsaí napailme ó fhórsaí armtha na Stát Aontaithe. Má tá gaol gairid ag an dán seo leis an dán 'Mo Bheirt Phailistíneach' le Michael Davitt, ní miste do cheachtar dán an chomparáid sin. Is iad Davitt agus Seán Ó Ríordáin an bheirt oidí is mó tionchar dá raibh ag de Paor i measc nuafhilí na Gaeilge, dá dheoin nó dá bhuíochas, agus a ghuth féin á aimsiú aige, agus tá macallaí ón Ríordánach go háirithe le sonrú anseo is ansiúd ina chuid filíochta. Má tá sé nach mór dodhéanta na macallaí seo a athchruthú sna haistriúcháin Bhéarla a ghabhann leis na bundánta anseo, ní chiallaíonn sé sin nach bhfuil aistriúcháin a ndiongbhála curtha ar fáil do léitheoirí Béarla de Paor ag lucht a n-aistrithe, an file féin ina measc. Tá comhaistritheoirí an fhile – Biddy Jenkinson, Mary O'Donoghue agus Kevin Anderson – le moladh go mór as a saothar agus is léir gur gá feasta lucht aistrithe a áireamh i measc na 'kind-hearted intelligent people somewhere' a mbíonn gach scríbhneoir ag súil leo, de réir an tsleachta ó Franz Wright a thugtar i dtús an chnuasaigh.

Ar deireadh thiar, is filíocht fhuinniúil spleodrach í seo, filíocht inar léir tríd síos acmhainn éachtach an fhile geit a bhaint as an léitheoir le samhailteacha atá mealltach agus neamhghnách. Filíocht í seo a thugann orainn féachaint ar gach uile ghné den ghnáthshaol, dá shuaraí é, ar bhealach úrnua, úrnite. Filíocht í ina gcailleann 'geansaithe a gcruth údarásach' agus ina dtréigeann 'treabhsair a siúráil iarnáilte' ('Cuairteoirí'), ina n-aimsímid meascán máistriúil den tocht agus den intlíocht, den mhacnas agus den mhachnamh, den ghreann agus den ísle bhrí.

> Nuair a bhíonn tú as baile
> géaraíonn bainne úr sa chuisneoir,
> dónn tósta uaidh féin,
> balbhaíonn an guthán
> is cailltear fear an phoist
> ar a shlí chun an tí.

> Cruinníonn Mormannaigh is Finnéithe Jehovah,
> an ministir is an sagart paróiste,
> bean Avon is fear Amway
> le chéile ar lic an dorais
> chun m'anam damanta a dhamnú.
> Ní fhéadfadh Batman mé a shlánú.
>
> ('Tréigthe')

An file a scríobhfadh 'Dán Grá' dar tús 'Bímid ag bruíon / gan stad', agus dar críoch 'Bímis / ag bruíon gan stad', ach a léiríonn cion as cuimse ó thus deireadh, is file é, ní foláir, atá lán den mhíréasún réasúnta sin a bhí mar bhua riamh ag cuid de na filí is fearr agus is fóintí i nuafhilíocht na Gaeilge go háirithe. Go maire sé a bhua!

Caoimhín Mac Giolla Léith, Meitheamh 2005

Raiding the Vaults
and Poetry's Ascendancy

An afternoon in January
when the northern hemisphere turned
on its heel, back towards the light,
word came through unexpectedly
that your favourite aunt had passed away.

We spent the night waking her,
coaxing her with words
that held her breath
a while longer in our world.

We resurrected stories from the vault
where all the tales of your crowd are kept . . .

Quite a few of the elements that have characterized Louis de Paor's poetry from the very beginning are evident in the opening stanzas of 'The First Day Ever': the sensitivity and empathy shown to a loved one, the fascination with shades, the acknowledgment of the power of the word and the authority of family lore, the news from afar that incidentally registers the vastness of the globe and offers some insight into the rhythms of the planet. Like the northern hemisphere itself, as depicted in these lines, this Cork-born poet, who spent many years living in Australia, has a natural inclination to turn 'towards the light', although he also acknowledges the world's equally inevitable tendency to move 'towards the inevitable cold'. 'February walks past in dark glasses' in these poems with 'a tennis racket under her arm' ('Long Horns'), not to mention a veritable parade of girls and women of

all sorts, young and old, tall and short, 'fat, thin, pregnant, /
freckled, pale, smiling . . . ' whom we are invited to watch
'catwalking in front of the sun' ('Swallows'). De Paor's poetry is
unusually expansive and welcoming. It gives due recognition to
the infinite variety as well as the inalienable difference of both his
physical surroundings and the people among whom he finds
himself. Yet he clearly values the connection with an enduring
homeland and the sustaining power of those traditions and
memories he associates with it.

> Until the phone started ringing,
> it was just a January afternoon.
> Behind the house, lemon trees
> stooped under the weight of light;
> the sun stretched with cat's paws.
>
> A parrot in bishop's vestments
> preached to a flock of the lesser birds
> who listened to his hacking homily
> as piously shifty as altar boys.
>
> ('Phonecall')

The preservation and renewal of crystal-clear memories of
his youth are tasks best pursued in collaboration with close
friends from the old days.

> . . . tough words rampaging through my brain
> as your unrepentant voice cut loose
> like a runaway rollercoaster
> at the carnival at Crosshaven.
>
> In the swelter of Melbourne,
> pipemusic drenched the room . . .
>
> ('Phonecall')

While the 'unrepentant voice' is consistently celebrated, as are the qualities of toughness, resistance and rebellion, this does not preclude a certain reverence for specific traditional values and histories, both personal and communal. The old ways ('an seanashaol') are revealed and renewed here in various forms, in the form of personal recollections and in the celebration of exemplary personages such as 'Laetitia Huntingdon' in an eponymous poem full of jasmine tea, old gramophones, and parasols on Edwardian verandahs. (A line from this particular poem provides the collection with its title.) The poet's grandfather is also elegized as a figure 'Sitting in an armchair, / unperturbed as a cow / or a cock of hay in a field at night', a man of mysterious skills, both major and minor, of which there is not, alas, a trace to be found in the 'clumsy fingers' of his grandson, nor in his 'townie mind [which] is neither kind nor cruel'. In the poem 'Dead House', on a deceased female relative, we are told that 'We felt her [shade] shuffle through the kitchen', and ghosts such as these haunt much of de Paor's work. If, for instance, Irish R&B legend Rory Gallagher has made something of a comeback in recent years, attracting a new generation of fans at home and abroad, his memory has been lovingly preserved in the interim by de Paor, whose poem 'Rory' transports us back to Gallagher's heyday in the mid-1970s.

None of this is to suggest that De Paor is forever wandering down memory lane or adrift among the ghosts of a bygone day. If the horn-rimmed glasses of the old woman in 'Spectacles' 'focused / her gaze, but only just, / on the here and now', the same cannot be said of de Paor's sometimes baleful glare. 'O'Donoghue's Welcome' expresses his fierce sympathy for a Romanian beggarwoman and acknowledges the many injustices of this country's current immigration policy, excoriating the Celtic Tiger's shameful tendency to drag its heels down the road toward a truly multicultural society. On several other occasions irony and black humour are deemed to be the appropriate response to the wilful ignorance and mutual misunderstandings that continue to typify our common culture.

> Okay . . . Dr Paisley and the Bishop of Limerick
> never showed up for their ecumenical classes
> at the Conradh na Gaeilge club . . .
>
> ('Gaeilgeoirí')

The marriage of social conscience and private memory is especially effective in poems such as 'The Cornfield', a long poem about the unspeakable fate of a young child. Parental love and affection are evident in 'Grammar', in which the committed wordsmith honours the universal meaning of his infant's prelinguistic babble. In 'Changeling' de Paor invokes one of the most familiar and horrific images from the Vietnam era: the famous photograph of a screaming, naked young girl running down a road away from her recently napalmed native village. While this powerful lyric bears close comparison with 'My Two Palestinians' by Michael Davitt, the comparison does neither poem a disservice. In fact, Davitt and Seán Ó Ríordáin are de Paor's two most enabling predecessors among modern poets in Irish, and specific echoes and allusions to Ó Ríordáin, in particular, resound here and there. While it is almost impossible to carry these allusions over into English, this is not to suggest that the original poems in Irish have not found worthy translators. The accompanying English translations, by the poet and his co-translators Biddy Jenkinson, Mary O'Donoghue and Kevin Anderson, are sensitive and accomplished, and we may number this translating team among the 'kind-hearted intelligent people somewhere' who comprise the poet's ideal readership, according to the quotation from Franz Wright with which the collection begins.

This is an energetic, even boisterous, body of poetry, enlivened by a gift for the unexpected but compelling metaphor, ever ready to invite the reader to look afresh at the world of the everyday. These are poems in which trousers somehow may be seen to lose 'their pressed assurance' as 'slumped jumpers surrender their shape' ('Visitors'), poems that effectively combine emotion and intellect, sensuousness and insight, humour and melancholy.

> When you're not here
> milk turns sour in the fridge,
> the toaster burns the last piece
> of bread deliberately,
> the phone is struck dumb,
> and the postman dies
> on his way to the house.
>
> Mormons and Jehovah's Witnesses,
> the minister and the parish priest,
> the Avon lady and the Amway man
> gang outside my door
> to lambast my blasted soul.
> Even Batman coldn't save me.
>
> ('On Being Left')

A poet who can write a 'Love Poem' that opens with the line 'We never stop / fighting', and ends with the line 'May we never stop fighting', but which remains affectionate from beginning to end, is a poet who has inherited that peculiar strain of reasonable unreason that has marked much of the best modern and contemporary poetry in Irish. It is an inheritance to be nurtured and cherished.

Caoimhín Mac Giolla Léith, June 2005

do m'athair agus do mo mháthair

Scribbling

Sometimes
A ripped-out page rises
From the scrunched-up pile
> That nails
> My words
> To the floor.
Unfurling
Seagull wings
Stained with ink,
It climbs the slanting air
Heading for the beyond.

I see, or think I see,
My poem's shadow,
A smudged wordring,
On a smeared claw:
> A prop against
> The threshold of nothing,
> A single breath
> On the hinge of everything.

Seoladh

Uaireanta
Éiríonn leathanach stractha
As an mburla craptha,
        Tairní páir
        A ghreamaíonn
        Mo chuid focal don urlár.
Míníonn amach
Ina sciathán dúchdhaite faoileáin
Is imíonn ar chliathán aeir
        Sna feirgiglinnte
        I dtreo
        Na firmiminte.

Aithním, is dóigh liom,
Iarmbéarla mo dháin
Ina fháinne aitheantais
Ar chrág smeartha:
        Teannta focal
        Ar ursain neamhní,
        Breacadh anála
        Ar chomhla na huile.

Swallows

Two sunny days, hard on each other's heels
at the arse end of Spring,
during the annual rising of the dead,
the people of Ireland
are sunstruck,
behaving like Mediterraneans.

Schools close for the first time
since waterpipes burst
in January snow;
men who should know better
untie their shoes
and take the radio out
to the clean-shaven back garden.

The musk of mothballs is scoured
from old pine wardrobes
as peacock pride
in a woman's eye
lights a rainbowful
of Summer dresses.

A hurling commentary clashes
with a hullabaloo of children
gone beyond themselves
in games with no rules.

Fáinleoga

Dhá lá gréine ar shála a chéile
as tóin chaoch an Earraigh,
tráth aiséirí bliantúil na marbh,
imíonn muintir uile Éireann
le haer glan, le gothaí solasta
dheisceart na hEorpa.

Dúntar scoil don gcéad uair
ó bhris na píobáin
le linn sneachta Eanáir;
scaoileann fir stuama
iallacha a mbróg
is tugann leo an raidió
amach sa gharraí nuabhearrtha cúil.

Glantar boladh magairlí leamhan
de sheanbhardrús giúise;
soilsíonn uabhar péacóige
i súil bhanúil
lán bogha báistí
de ghúnaí Samhraidh.

Meascann tráchtaireacht iomána
le liútar imeartha
leanaí docheansaithe
i mbun cluichí riartha gan rialacha.

Boys show off their chests,
(no hair, no colour)
as the black beats of New York
conduct their proud feet
down the narrow streets of Limerick.

And each and every girl,
catwalking in front of the sun:

young, old, tall, small,
fat, thin, pregnant,
freckled, pale, smiling,

is a jungle tattoo
on the homely arms of the city.

Nochtann buachaillí craiceann cléibh
(gan chlúmh, gan dath)
rithimí gorma Nua Eabhrac
ag stiúradh a siúl díreach
síos sráideanna tíre Luimnigh.

Is gach cailín, óg, críonna,
ard, íseal, ramhar, seang, torrach,
breicneach, mílítheach, déadgheal,

ina tatú teochreasach
ar ghéaga muinteartha na cathrach,
ag catchoisíocht ar aghaidh na gréine.

Rain

That perfume she wore in her teens
shot through with the alchemy of her body
– sea, grass and fuschia
in nineteen seventy-nine –
walked past on the street last night
as couldn't-care-less as rain,
a birthmark on her left ankle
and silver bracelets on her untouchable wrists.

Like an umbrella in a gale,
my heart turned inside out
under a drench of fragrance
that left my fingertips
bonedry.

When the sun rose
over her shoulder,
tropical flowers
perfumed like skin
burst through paving stones
all over the city.

Báisteach

An cumhrán a chaitheadh sí sna déaga
is ailceimic a colainne tríd,
farraige, féar is fiúise
i naoi déag seachtó a naoi,
do shiúil thar bráid sa tsráid aréir
nóscumaliom mar bháisteach,
comhartha broinne ar a rúitín clé
is lúba airgid ar a riostaí geanmnaí.

Mar a bheadh scáth fearthainne sa ghaoth
d'iompaigh mo chroí
isteach is amach
faoin gcith cumhra
ná fliuchfadh barra mo mhéar.

Nuair a d'éirigh an ghrian
thar mhaol gualainne aniar,
bhí cumhracht cnis
ar bhláthanna teochreasa
ag briseadh
tré leacacha na cathrach.

Golden Angels

. . . in love again,
with ice-cream,
peeling noses,
sunlit hair,
the bright
teeth of a girl,
with barking dogs,
bawling babies,
strawberries and grapes,
with patches of blue sky
on sailors' pants,
perfect ankles, knees,
and a miniskirt skipping
through crowds of sunlight;
with a girl I swear
I never saw before
who winked at me
on Prince's Street today
while the bells of the angelus
shook the cathedral
and golden angels
on the leaning spire
were ready to fall
from their pinhead of chastity,
blinded by the sun
in a sinner's eye.

Na hAingil Órga

. . . gur thiteas arís
as mo sheasamh
i ngrá le huachtar reoite
is le sróna dóite,
le gruaig ghriandaite
is le fiacla geala mná,
le tafann madraí
is le gártha leanaí,
le caora finiúna
is an sú talún,
le gorm spéire
ar éide mairnéalach,
le colpaí cruinne
faoi ioscaidí úra
faoi mhionsciorta éadrom ildaite
ag pocléimnigh tré shluaite an tsolais,
le cailín gan ainm
a sméid orm
ar Shráid an Phrionsa inniu
agus clog an aingil
ag bualadh go hard san ardeaglais
is na haingil órga
cruinn ar a claonspuaic
ar tí titim
dá mbiorán geanmnaíochta,
dallta ag grian an tsamhraidh
i súile peacaigh.

Long Horns

The treebones creak

when I open the back door

light in short pants
runs barefoot in the garden.

The sun spills from a bottle
that harvested heat
on hillsides tangled with vines.

February walks past in dark glasses,
a tennis racket under her arm.

Adharca Fada

Gíoscann cnámha na gcrann

nuair a osclaím doras mo thí

ritheann solas i mbríste gearr
cosnocht sa ghairdín.

Scairdeann an ghrian as buidéal
a chnuasaigh teas ar shleasa cnoic
breac le toir finiúna.

Siúlann Feabhra faoi spéaclaí daite tharam,
raicéad leadóige faoina hascaill.

Phonecall

Until the phone started ringing,
it was just a January afternoon.
Behind the house, lemon trees
stooped under the weight of light;
the sun stretched with cat's paws.

A parrot in bishop's vestments
preached to a flock of the lesser birds
who listened to his hacking homily
as piously shifty as altar boys.

The unforgiving sun
had squeezed my thoughts dry
until I heard your voice
from the other world,
from a city republic
in the middle of a bog
where tables were heavy with porter,
and woolly jumpers and long skirts
deep in metaphysical debate
in pubs along the quays,
where a blustering wind
like a bloated banker from the South Mall
gusted through beggared trees
on the Grand Parade.

Glaoch Gutháin

Sara dtosnaigh an guthán ag bualadh,
tráthnóna i mí Eanáir,
bhí crainn líomóin ar chúl an tí
ag lúbadh faoi ualach solais
is an ghrian á searradh féin
le géaga cait.

Bhí pearóid in éide easpaig
ag praeitseáil le scuaine mionéan
a d'éist lena sheanmóin ghrágach
chomh cráifeach, corrathónach,
le buachaillí altóra.

Bhí m'aigne tuartha
ag an ngrian bhorb
nó gur ráinig do ghlór siúltach
ó chathairphoblacht i lár portaigh
mar a raibh pórtar ar bord
is allagar tromchúiseach ar siúl
i measc geansaithe olna is gúnaí fada
i dtithe óil cois abhann,
is gaoth stollta
mar a bheadh gaotaire ramhar ón Meal Theas
ag rabhláil tré ghéaga na gcrann
ar Shráid an Chapaill Bhuí.

Your talk was all elbows and knees,
boxing shadows in my head,
tough words rampaging through my brain
as your unrepentant voice cut loose
like a runaway rollercoaster
at the carnival in Crosshaven.

In the swelter of Melbourne,
pipemusic drenched the room
as reels of rain
and winter tunes were played
by quick fingers
on ancient instruments
in the city of the goldy fish.

Chuaigh do chaint,
lán de bhuillí uilleann is glún,
ag dornálaíocht le scáileanna mo chuimhne,
focail tiufáilte ag rúscadh trím cheann
is do ghuth easumhal ag rásaíocht
mar a bheadh *rollercoaster* ceannscaoilte
sa charnabhal i mBun an Tábhairne.

I lár an mheirfin i gcathair Melbourne
bhí frascheol píbe ag clagarnach sa tseomra
mar bhí ríleanna báistí
is geantraí geimhridh á seinm
ag méara meara ar uirlisí ársa
i gcathair an éisc órga.

Gaeilgeoirí

Okay, so we didn't impeach Pinocchio,
the Taoiseach with the remarkable nose.

The soldier didn't move
his itchy finger from the glib trigger
to light a cigarette
for the terrified terrorist.

Dr Paisley and the Bishop of Limerick
never showed up for their ecumenical classes
at the Conradh na Gaeilge Club.

We didn't tilt the world
one degree off its axis
or jolt this country
of genial stutterers
from its West British rut.

What did we expect?

That tinkers could drop in for lunch
at Áras an Uachtaráin?

That people would listen to us?

Wisha.

Gaeilgeoirí

Ócé, níor chuireamar Pinocchio,
ár dTaoiseach caincíneach, as oifig.

Níor bhain an saighdiúir
a mhéar thais den truicear aclaí
chun toitín a dheargadh
don sceimhlitheoir sceimhlithe.

Níor tháinig an Dr Paisley ná Easpag Luimnigh
go dtí na ranganna éacúiméineacha
i gClub an Chonartha.

Níor chuireamar imchasadh na cruinne
oiread is leathorlach dá chúrsa docht
ná tír seo na dtrudairí geanúla
as a riocht
Gallda.

Cad leis go rabhamar ag súil?

Go mbeadh tincéirí chun lóin
in Áras an Uachtaráin?

Go n-éistfí linn?

Mhuise.

Every awful word
of this dumb language
is a blank land-mine
under the careless earth,
exploding harmlessly
beneath our bare feet.

Tá gach focal mallaithe
den teanga bhalbh seo
ina mhianach caoch
faoi thalamh bhodhar,
ag pléascadh gan dochar
fénár gcosa nochtaithe.

Corrections

In fourth class at National School
the musty smell of chalk,
of scared little boys in short pants,
left grimy streaks on shut windows.

On the teacher's desk,
like a magic wand
in a Christmas panto,
a bamboo, wrapped in tinsel,
for gurriers who never learned.

I was an angel in the back row,
saintly as de Valera;
the Holy Ghost whispered in my ear
and together we spelt correctly
hard words that gave the whole world
to good boys like me.

Justice walked amongst us on leather soles,
a fussy little man with a stomach ulcer
who taught me ambition,
how to get ahead,
contempt for the slow ones, the fools.

If you could see me again, sir,
your whiteheaded boy,
would you take me for a fool?

Ceartúcháin

I rang a ceathair sa scoil náisiúnta,
bhí fuarbholadh cailce is sceon
buachaillí beaga i mbrístí gearra
ina smúit ar fhuinneoga dúnta.

Ar bhord an mháistir,
mar a bheadh slaitín draíochta
i ngeamaireacht Nollag,
bhí bambú fillte i bpáipéar ruithneach
don ghramaisc nár fhoghlaim
a gceachtanna go beacht.

Im ainglín i gcúl an ranga,
chomh naofa le de Valera,
do labhair an Spiorad Naomh im chluais,
is litríomar in éineacht focail chrua
a thugann máistreacht na cruinne
do bhuachaillí maithe.

Do shiúil An Ceart
ar bhonnaibh leathair inár measc,
feairín pioctha a raibh othras goile air
a mhúin dom uaillmhian agus dul chun cinn,
drochmheas don mhall, don amadán.

Dá gcífeá anois mé, a mháistir,
do bhuachaill bán,
cad déarfá liomsa mar amadán?

Down the Line

In the silence before the train,
she stands on the unsheltered platform,
her mind brittle as porcelain,
nerves tight as a fist.

> In a shoulderbag,
> amongst all her scented things,
> there are memories
> of unclouded summers,
> of nights loud with fairground noise,
> a juke-box throbbing
> its catchcries of love,
> the air heavy with cigarette smoke,
> the smell of oil and sweat,
> freckled weather
> when she walked the prom,
> a tang of seaweed on her skin,
> slim as an hour-glass,
> bright as a fallen angel.

She straightens her back
and the world moves under her
as the train grinds its teeth
and fists its way
into the station.

Iarnród

Sa chiúnas roimh theacht na traenach
seasann sí ar an ardán lom,
a meabhair chomh briosc le poirceallán,
néaróga chomh teann le dorn iata.

    I mála ascaille
    lena giuirléidí cumhra,
    tá cuimhní fada
    ar shamhraití gan scamall,
    oícheanta lán de challán aonaigh,
    de cheolta Wurlitzer
    ag tonnadh manaí grá ar a cluasa,
    an t-aer ramhar le toit,
    le boladh íle is allais,
    aimsir bhreicneach
    nuair a shiúladh sí an tsráid,
    mus feamainne ar a craiceann órtha,
    chomh seang le horláiste,
    chomh drithleach
    le haingeal tite.

Díríonn sí a drom
is critheann an domhan féna sála
nuair a bhrúnn an traein dorn iarainn
le gíoscán fiacal
isteach i ngabhal an stáisiúin.

In another town down the line
there's a man
who'll comb the grey from her hair,
who'll keep the heaviness of time
from her mind, and from her waist,
a man she's never met
who'll slow her violent heartbeat.

I mbaile nua fan na slí, tá fear
a chíorfaidh an liath dá gruaig,
a choimeádfaidh spadántacht na mblian
óna meabhair is óna com,
fear eile fós a chiúineoidh
greadadh glórach a croí.

Laetitia Huntingdon

The sun doesn't shine like it used to
and people have no manners now

since respect was buried
with the songs of Vera Lynn
the rabble is in charge.

The old world survives
behind the bare trees
at number seventeen

where Laetitia sits
with her cats,
drinking jasmine tea
scent of honeysuckle
on her wasted breath,
listening to the dead
on the gramophone.

        Shadows with parasols
        walk the verandah.
        Her mother, swollen
        in a silk kimono,
        drinks lemonade,
        while God, in a smoking jacket,
        reads the paper
        at the other side of the table.
        Delinquent children
        play cricket in the street

Laetitia Huntingdon

Níl teas sa ghrian mar a bhíodh
ná béasa ag daoine anois

ó chuaigh an uaisleacht sa chré
le ceol Vera Lynn
tá sliocht an sclábhaí i réim.

Maireann an seanashaol
ar chúl na gcrann lom
in uimhir a seacht déag

mar a suíonn Laetitia
i measc na gcat,
ag ól tae seasmaine
cumhracht an fhéithlinn
ar a hanáil chaite,
ag éisteacht leis na mairbh
ar an ngramafón.

> Tá scáileanna faoi pharasóil
> ag siúl an *verandah*,
> a máthair ata
> i bhfallaing ón tSeapáin
> ag ól líomóide,
> agus Dia i gculaith Éadbhardach
> trasna an bhoird uaithi
> ag léamh an pháipéir;
> tá leanaí drochmhúinte
> ag imirt cruicéid sa tsráid

and the laughter of the railwaymen
is like cockroaches on a pillow,
or muddy boots in a bedroom,
walking all over her mother's heart,
kicking her scandalous waist
that is full of the sour breath of life.

In the street outside,
a binman is singing,
light flowing through his hard body
as he carries the new morning easily
on sunburned shoulders.

      Behind the curtain
      in the half-light
      among the breathing plants,
      the old woman's mouth gapes
      like a fish in a bowl
      as sunlight seeps
      from her tightening veins.
      Her father's jaundiced eye
      glares from a silver frame
      at his faithful daughter,
      darling of his tyrannical heart.
      Her ears full
      of rattling castanets,
      chattering teeth,
      brittle drumming
      of bones, she hears

is gáirí na bhfear aníos ón iarnród
mar a bheadh ciaróga ar cheannadhairt
nó buataisí salacha i seomra leapan
ag satailt ar chroí na máthar,
ar a com scannalach
atá pléasctha le bréananáil na beatha.

Amuigh sa tsráid
tá fear an bhruscair ag portaireacht,
solas ag cuisliú trína cholainn teann
is an mhaidin úr á hiompar go neafaiseach
ar a ghuaillí loiscthe.

    Laistiar den gcuirtín
    sa bhreacsholas
    i measc na bplandaí,
    tá béal seasc
    na seanmhná ar leathadh
    mar a bheadh iasc i bpróca,
    is an ghrian ag úscadh
    as a cuisle chúng;
    stánann súil bhuí a hathar
    as fráma airgid anuas
    ar a iníon mhodhúil,
    gean a dhúrchroí;
    tá a cluasa ag líonadh
    le ceol castainéad,
    cnagadh fiacal,
    drumadóireacht bhriosc
    na gcnámh, cloiseann sí

trains
whistle in her
heaving
chest,
headstones
clapping
in the
cemetery.

Outside the mission
a scarecrow is shaving
with a disposable razor
and a broken mirror.
He hasn't seen
his beautiful face for a week.

feadaíl traenach
aniar
ar a hanáil
teipthe,
leacacha
uaighe
ag greadadh bas
sa reilig.

Lasmuigh den misean,
tá fear giobalach á bhearradh féin
le lann mhaol
is mír de scáthán briste.
Ní fhaca sé a ghnúis álainn le seachtain.

A Long Day

The sun must have shone that morning
because we were inside in the kitchen.
If 'twas raining cats and dogs
we'd have been out in the downpour.
The hall door was locked
and the house hushed as a church,
the old crank hunched by the fire
fingering his rosary,
oblivious for once to young pups
who were sick killing time on another dead day,
tired of holiness that squeezed
the life from the house,
the smell of candles and snuffed-out prayers.
The morning was tedious as Sunday Mass.
We couldn't wait for the priest to go,
for the key to turn in the door again
so we could run through the bedlam
of her anarchic heart
making noise enough to wake the dead.

Lá Fada

Caithfidh go raibh an aimsir go maith an mhaidin sin
mar bhíomar istigh sa chistin.
Dá mbeadh sé fliuch bheimis amuigh faoin gcith.
Bhí doras an halla fé ghlas inár gcoinne
is an tigh chomh sollúnta le séipéal,
an cancrán cois tine
ag méirínteacht ar a phaidrín,
gan beann ar dhailtíní gan mhúineadh
a bhí bréan bailithe den lá leibideach,
den naofacht mharfach a smachtaigh an tigh
le boladh coinnle is paidreacha dóite.
Bhí an mhaidin chomh leamh
le hAifreann Domhnaigh.
B'fhada linn go gcrapfadh an sagart leis,
go gcasfaí eochair an dorais ar ais,
go siúlfaimis amach tré ghleithreán a croí ainrialta
le clampar a dhúiseodh na mairbh.

Old Stories

Her stories had the sting of mountain ash
and turf burning on an open hearth
in the corner of her mind:
curfew nights, after a céilí,
twitchy as a hare in the ditch,
her heartbeat louder than the stuttering engines
till the glare of the soldiers' lights
was ambushed by the dark.
Later on, loutish rebels
brought filthy language
and dirt on heavy boots
across her scrubbed floors,
occupying the house with bad manners
and big talk until morning.
She was independent before
and after them, until doctors,
lawyers, nurses and nuns
broke her stubborn heart.

She set fuchsia and ragwort
in the concrete and tar
of my talk, and you could hear
the unrevised history of her people
in my blood-spattered voice in the schoolyard:

I'll mobilize you, you bloody Blueshirt.

Seanchas

D'fhág sí boladh fuinseoige
is móin ag dó ar theallach oscailte
le scéalta aniar as clúid teolaí a haigne:
oícheanta cuirfiú tar éis céilí,
chomh hairdeallach le giorria sínte sa chlaí,
tormán croí ag sárú ar thrudaireacht na gcarranna
nó go slogfaí solas brúidiúil na saighdiúirí
sa dorchacht ropánta;
reibiliúin gan mhúineadh ina dhiaidh sin
a thug caint gharbh is salachar na mbán
ar a sála isteach sa chistin sciomraithe,
a chuir an tigh faoi dhaorsmacht
le drochbhéasa is focail mhóra go maidin.
Bhí sí neamhspleách rompu
agus ina ndiaidh
nó gur cheansaigh dochtúirí,
dlíodóirí, banaltraí is mná rialta
a hanam ceannairceach.

Chuir sí fiúise is buachallán buí
ag gobadh aníos tré stroighin
is tarra im chaint
is chloisfí stair a cine gan chlaonscríobh
im ghlór fuilteach i gclós na scoile:

I'll mobilize you, you bloody Blueshirt.

Dead House

We saw the print of stiffening bones
on borrowed furniture,
an arthritic chair with scrawny arms,
a creaking single bed.

We felt her shuffle through the kitchen,
peeling potatoes at the sink,
stirring a drop of colouring
in sugared porterblack tea.

When we carried the ashes from the grate,
an asthmatic wind
blew through the letter box,
old friends from the country
complaining of the cold.

We swept and scrubbed and scraped
the last dust from the house
with Vim and Holy Water.

Before locking the door
we pressed a switch.
The wireless stopped singing;
the fridge gave up its drowsy hum.

We left the house powerless,
clean as a corpse
without a ghost.

Tigh Iarbháis

Chonaiceamar claonchló a colainne strompptha
ar an dtroscán iasachta,
cathaoir ghéaruilleach airtríteach,
leaba ghíoscánach shingil.

Bhraitheamar a scáil thromchosach sa chistin
ag lomadh prátaí sa doirteal,
ag meascadh daithín bainne
le tae siúicriúil pórtardhubh.

Nuair a chartamar an luaith as an ngráta,
do shéid gaoth ghiorranálach
tré pholl na litreach,
seanachairde ón dtuath
ag gearán faoin bhfuacht.

Scuabamar is sciúramar is scríobamar
an dusta déanach den tigh
le Vim is uisce coisricthe.

Sara gcuireamar glas ar an ndoras
chasamar cnaipe;
stad an *wireless* dá phortaireacht,
an cuisneoir dá chrónán codlatach.

D'fhágamar an tigh múchta,
chomh glan le corp cóirithe,
gan taibhse.

Believing

Gradually, as her blood ran cold,
she threw off her flimsy faith, threadbare clothes
that couldn't warm her perished skin,
and wrapped a blanket of more comforting beliefs
around her shivering shoulders.

She saw butter witches ransack her flat,
poking in shut cupboards,
stealing dishes and sticks of furniture
behind the backs of her gullible visitors
who said no one could get in
while the door was locked,
that it was the neighbour's brazen children
she heard knocking on the window
and the wind screaming down the chimney
in the dead of night.
Misguided fools with no faith.

When her undefeated heart
tired of her changeling body,
she sloughed her breathless skin,
and left it cold on a cast-iron bed,
then walked from the sanatorium
into my unbelieving mind
where she arranges my disordered life
with her wisewoman's hands,
banishing pious pookas
and sanctimonious old ghosts,
the malevolent spirits of evileyed
wrongheaded people from out of my way
every blessed day that I live.

Creideamh

De réir mar a fhuaraigh a cuid fola,
chaith sí di a creideamh tanaí,
éadaí caite nár théigh a craiceann oighreata,
is tharraing brat seascair piseog
go dlúth lena guaillí leata.

Chonaic sí cailleacha ime
ag creachadh a seomra suí leapan,
ag póirseáil i gcófraí iata,
ag fuadach gréithre is troscán stóinsithe
i ngan fhios dá cuairteoirí saonta
a dúirt ná gheobhadh éinne isteach
is an doras fé ghlas,
gurbh é gráscar na leanaí comharsan
a chuala sí ag cnagadh ar an bhfuinneog
is an ghaoth ag éamh uirthi
tré pholl an tsimné anuas in am marbh na hoíche.
Créatúirí gan chiall, gan chreideamh.

Nuair a thuirsigh a croí neamhchloíte
dá lomaghéaga traochta,
d'fhág sí iarlais a coirp gan dé
ag fuarú sa leaba iarainn
is shiúil as an otharlann amach
isteach im aigne ainchreidmheach
mar a gcóiríonn sí mo bheatha ó shin
lena lámha mná feasa
a dhíbríonn púcaí ainglí is taibhsí rónaofa
is drochsprideanna drochdhaoine mallaithe uaim
gach lá beannaithe dem shaol.

Spectacles

The horn-rimmed glasses focused
her gaze, but only just, on the here and now,
as the sharp edge of her mind
blazed down from light-years away,
a reluctant sun through glass
that would burn the air of truth
from any half-told lie.

When she took off her glasses,
the frown melted from her face.
The sun slipped from her eyes
and away down a hard road in the year –
it doesn't matter what year – in Cloghroe,
when potatoes were secret as eggs
in beds of straw in the haggart,
and water, clean as wind from the mountain,
scooped in a bucket in the kitchen.

Snow settled in a muslin-covered jug
on the deal table, and primroses
and buttercups were ground
in a silver butter-dish.
Order, like a pressed sheet,
covered the everyday commotion
of the big house for a time

until we called back the sun inside her,
and she, putting on her glasses,
struggled back to us again.

Gloiní

Dhírigh na spéaclaí adharcimeallacha
a súil ghrinn ar éigin ar an aimsir láithreach
gur scairt rinn a haigne
na cianta solasbhlian anonn ón aer uachtarach,
grian tré ghloine i gcoinne a tola
a loiscfeadh craiceann na fírinne
d'aon leithscéal éithigh.

Nuair a leag uaithi na lionsaí,
leáigh an ghrainc dá cuntanós séimh;
shleamhnaigh an ghrian
tré mhogaill na súl amach
ar bhóthar achrannach sa bhliain
is cuma cén bhliain ar an gCloich Rua
mar bhí prátaí chomh cluthar le huibhe
ina luí fé chuilteanna tuí sa bhuaile,
agus uisce chomh glan le gaoth ón gcnoc
ceaptha i mbuicéad sa chistin.

Bhí sneachta séidte fé cheirt muislín
i gcrusca cruain ar an mbord déil,
samhaircíní is fearbán measctha
i dtruinsear airgid an ime,
bráillín eagair fillte go fóill
ar chipeadraíl an tí mhóir.

Nó gur ghlaomar an ghrian ar ais inti,
gur chuir sí uirthi arís na spéaclaí
is tháinig le mórdhua aniar inár measc.

In the end, it was no longer worth
the effort, and she stayed
where she was for good,
letting on she couldn't hear us
or the sun calling her

as she waited for the boss,
the man of the house,
who never came home
from the Sunday score.

Ar deireadh, níorbh fhiú léi an tairbhe
trioblóid a haistir anall
is d'fhan ar an dtaobh eile ar fad,
ag tabhairt cluas bhodhar orainne
agus an ghrian araon

ag feitheamh le fear an tí,
an máistir nár tháinig
ó scór an Domhnaigh go brách.

Rituals

After the races, he'd come from the well
with two bottles of stout under his oxter,
hat pulled low over ancient eyes.

He'd rummage in presses, drawers and cupboards
until he found an opener speckled with rust,
like his freckled face
burned by years of wind and sun.

Sitting in an armchair,
unperturbed as a cow
or a cock of hay in a field at night,
he'd poke the drowsy ashes,
undo the laces of his hobnailed boots.
Then, with a secret twist of his hand,
that didn't flinch from the business
of castrating bull calves
or drowning unwanted pups in the sheep dip,
a hand that could calm a frightened colt
or a contrary child,
with gentle sorcery,
he'd ease the top off the bottle.

You could hear a satisfied sigh
as the porter drew breath
like an old man
at the end of a long journey.

Searmanas

Tar éis na rásaí, thagadh sé ón dtobar
le dhá bhuidéal pórtair féna ascaill,
hata feircthe anuas ar a shúil ársa.

Ransaíodh sé cófraí, tarraiceáin is cupbhoird
nó go n-aimsíodh oscailteoir meirgeach
chomh breicneach lena leiceann
scólta ag grian is gaoth na mblian.

Shuíodh sé i gcathaoir uilleann
chomh socair le bó
nó coca féir i ngort istoíche,
ropadh tlú tríd an ngríosach chodlatach,
scaoileadh iallacha fada a bhróg tairní.
Ansin, le caschleas gintlíochta dá láimh
a bhí oilte ar ghamhna fireanna a choilleadh
nó coileáin a bhá sa dip chaorach,
a cheansódh searrach sceiteach
nó leanbh contráilte,
le hasarlaíocht chaoin gan éigean,
bhaineadh sé ceann an bhuidéil.

Chloisimis osna faoisimh
an leanna dhuibh ag tarrac anála,
mar a bheadh seanduine
tar éis aistir fhada.

My clumsy fingers have none
of his secret skills;
my townie mind is neither kind nor cruel.
But when I came home after his funeral,
I felt the patience and generosity
and all the hardness of my people
welling in my hands
in that cold forsaken kitchen
where I drank porter until morning
with my Grandad.

Níl iarsma dá scil rúnda im láimh shaonta,
im aigne bhruachbhailteach
gan chruáil, gan taise,
ach ar theacht ón tsochraid tar éis a bháis,
bhí foighne, féile is fioch mo shinsir
ag borradh im dheasláimh inniúil
sa chistin tréigthe gan tine
mar a dh'ólas pórtar go maidin
in éineacht lem Dheaideo.

On Being Left

When you're not here,
milk turns sour in the fridge,
the toaster burns the last piece
of bread deliberately,
the phone is struck dumb,
and the postman dies
on his way to the house.

Mormons and Jehovah's Witnesses,
the minister and the parish priest,
the Avon lady and the Amway man
gang outside my door
to lambast my blasted soul.
Even Batman couldn't save me.

Terrorists and murderers,
clampers and tax inspectors
crowd the backyard,
pounding on locked windows,
yelling my secrets at the top of their voices
for the benefit of eavesdropping neighbours;
my criminal sins and sinful crimes
are a surprise to no one.

In the cowering dumb dark inside,
I hug your scent from cold sheets;
I reach for Cúchulainn's hurley
under the battlefurious
lumpy mattress.

Tréigthe

Nuair a bhíonn tú as baile,
géaraíonn bainne úr sa chuisneoir,
dónn tósta uaidh féin,
balbhaíonn an guthán
is cailltear fear an phoist
ar a shlí chun an tí.

Cruinníonn Mormannaigh is Finnéithe Jehovah,
an ministir is an sagart paróiste,
bean Avon is fear Amway
le chéile ar lic an dorais
chun m'anam damanta a dhamnú.
Ní fhéadfadh Batman mé a shlánú.

Plódaíonn sceimhlitheoirí is murdaróirí,
maoir thráchta is cigirí cánach sa chlós
ag pleancadh ar an bhfuinneog iata,
ag sceitheadh mo rún os ard
leis na comharsain chúléisteacha;
ní chuireann mo pheacaí coiriúla
ná mo choireanna peacúla
aon iontas ar éinne.

Sa doircheacht mheata bhalbh istigh
fáiscim do chumhracht
as bráillín fhuar,
cuardaím camán Chúchulainn
fén dtocht riastrach
cnapánach.

Love Poem

We never stop
fighting. I hear words
hurled from my mouth
break in shards of glass
and smashed plates
on the shut door
of your whitewashed face.
When I sweep up
the shattered bits
and pieces of our brittle love
(I wouldn't hurt a fly),
I feel clean
as a constipated monk
after a glorious shit. So
unburdened. So serene.
Fuck the neighbours.
May we never stop fighting.

Dán Grá

Bímid ag bruíon
gan stad. Cloisim
focail mo bhéil
ag pléascadh ina
smidiríní gloine
is gréithre briste
ar t'aghaidh iata
aolta. Nuair a
scuabaim smionagar
goirt ár gcumainn
bhriosc den urlár
(ní ghortóinnse cuil),
braithim chomh glan
le manach cruabholgach
tréis a chaca.
Chomh sámh. Chomh
naofa. Foc na
comharsain. Bímis
ag bruíon gan stad.

Fable

When the mountains get together
in the square behind the market,
they talk the olive-and-heather talk
of old men on stone benches,
speaking of the ups and downs of their lives
across the sea of immigrant years.
A surplice-white light,
deep as church bells at noon,
pours from the well of their gapped mouths;
the sun is a gold tooth,
gleaming in their chalk-bright talk.

They speak of sultry days,
that were slow as a flat-footed mule,
panniers filled to the brim with long afternoons
that ripened in moist heat
like the skin-dark thoughts of men
who live on the flatlands now
but once were tall and awkward as mountains,
before their shoulders slumped
under the weight of a sky
that drove their hearts
beyond their gentle beat.

Their arthritic fingers
count hiccuping heartbeats on worry beads
and they shake hands eagerly,
surprised to have stood another week,
afraid it may be their last.

Fabhalscéal

Nuair a chastar na cnoic ar a chéile
sa chearnóg ar chúl an aonaigh,
labhrann siad canúint óióg is fraoigh
na gcríonfhear ar bhinsí cloiche,
ag caint ar ísleáin is ardáin a mbeatha
thar lear na mblianta imirce,
aolsolas suirplísgheal
chomh toll le buillí clog um meán lae
ag caismirneach as umair a mbéal mantach
agus fiacail óir na gréine
ag glioscarnach ina mbéarlagair cailce.

Tráchtann siad ar laethanta brothaill
a bhí chomh mall le miúil spadchosach
is a chliabh ag cur thar maoil
le tráthnóintí fada
a d'aibigh fén teas maoth
amhail marana chneasdorcha na bhfear
a mhaireann anois ar an mín
a bhí chomh hard, chomh hamscaí le sliabh
nó gur chrom a nguaillí fé ualach na scamall
a bhrostaigh a gcroíthe thar a mbuille séimh.

Áiríonn a méara pairiliseacha
snagbhuillí croí ar phaidrín na himní
is croitheann siad láimh le chéile go dlúth
le hiontas gur sheasadar seachtain eile
os cionn talaimh, le heagla
gurb é an uair dheireanach é.

Sometimes it is. When silence
gags their mouths with earth and stone,
leaving the mountains speechless,
their words forget themselves
and no one hears
the wooden words of the dead.

Uaireanta is é.
Nuair a líonann an tost
a mbéil le gobán cré is cloch
a bhalbhaíonn allagar na gcnoc,
ní chastar na focail ar a chéile;
ní chloistear clárchaint na marbh.

Assimilation

When the cops took his son,
their bright batons left their mark
on the father's body,
the print of hobnailed boots
on his bruised belly.

When his loving hand
uncovered a child's footprint
untouched in the desecrated sand,
he heard a childish scream,
thin and sharp as a blade,
gash the skin of the earth.

Day after day since then
he hears the scarred earth cry out
when he puts his hand
in that dry wound.

Still he does not believe.

An Dubh ina Gheal

Nuair a d'fhuadaigh na póilíní a mhac,
d'fhágadar rian a mbataí geala
ar a chabhail chéasta
is lorg a mbróg tairní
buailte ar a bholg brúite.

Nuair a nochtaigh a láimh mhuirneach
cosrian linbh gan smál
sa ghaineamh airgthe,
mhothaigh sé caolghlór leanbaí,
faobhar scine
ag réabadh chraiceann na talún.

Lá i ndiaidh lae ó shin,
airíonn sé scréacha tinnis ón gcré ghonta
nuair a chuireann sé a mhéar
sa chréacht thirim.

Fós, ní chreideann sé.

Didjeridu

This music is not played
to lure a snake
from the woven basket of your distended belly
with a heatwave of torrid notes
and swooning melodies.

It won't set your rebel foot
tapping on stone
to taunt your straitjacketed intellect
with squalls of hornpipes and twisting slides.

If you stand and listen,
for a second or a thousand years,
lyrebirds will nest
in the devious loops
of your branching hair,
      green
blue   parrots
    red
will perch on your scalded shoulders
and a sarcastic kookaburra
make fun of your scorched white feet.
You'll hear parakeets and lorikeets
flutter round your head,
ancient tribes of the air
speaking a language
your wild colonial heart
can not comprehend.

Didjeridu

Ní mheallfaidh an ceol seo
nathair nimhe aníos
as íochtar ciseáin do bhoilg
le brothall seanma
na mbruthfhonn teochreasach.

Ní chuirfidh sé do chois cheannairceach
ag steiprince ar leac
gan buíochas ded aigne cheartaiseach
le spreang tais na gcasphort ceathach.

Má sheasann tú gan chor
ar feadh soicind amháin
nó míle bliain,
cuirfidh sé ealta liréan
ag neadú i measc na gcuach
id chlaonfholt cam,
        gorma
pearóidí   glasa
     dearga
ar do ghuaillí loiscthe
is cucabora niogóideach
ag fonóid féd chosa geala.
Beidh treibheanna ársa an aeir
ag cleitearnach timpeall ort,
ag labhairt leat i mbéalrá
ná tuigeann do chroí
gallghaelach bán.

If you can stand
for a minute
or two hundred years,
you'll hear the songs
of his people bleed
from a punctured lung,
sharp beaks
pecking skulls,
snapping small bones,
while the bright fists
of our gentle ancestors
beat the skin of the earth,
like a bodhrán
that feels
   nothing.

Má sheasann tú
dhá chéad bliain ag éisteacht,
cloisfir ceolstair a chine
ag sileadh as ionathar pollta,
géarghoba éan
ag cnagadh plaosc,
ag snapadh mionchnámh,
agus doirne geala
ár sinsear cneasta
ag bualadh chraiceann na talún
mar a bheadh bodhrán
ná mothaíonn
        faic.

The Isle of the Dead

In the spacious bay, on the verge of which the settlement is situated, at the distance of a mile, stands a lovely little island, about half a mile in circumference at the water's edge. This, it appeared to me would be a secure and undisturbed resting-place where the departed prisoners might lie together until the morning of the resurrection. It was accordingly fixed upon, and called, "The Isle of the Dead".

Rev. John Allen Manton (c. 1845)

The headstones face
north to England,
where a world
has turned on its axis
away from the sun.
Buried here, army officers
and their families, steadfast subjects
who were true to their glorious king.

Elaborate epitaphs make much
of their ordinary deaths,
of the cancered pride,
or torment of soul of those
who heard God's word
in the mouths of men
distort the destiny of others.

Oileán na Marbh

In the spacious bay, on the verge of which the settlement is situated, at the distance of a mile, stands a lovely little island, about half a mile in circumference at the water's edge. This, it appeared to me would be a secure and undisturbed resting-place where the departed prisoners might lie together until the morning of the resurrection. It was accordingly fixed upon, and called, "The Isle of the Dead".

Rev. John Allen Manton (c. 1845)

Tá aghaidh na leac
ó thuaidh ar Shasana,
mar a gcasann domhan
tuathalach ar a fhearsaid
in aghaidh an tsolais.
Sínte anseo, tá oifigigh airm
is a muintir, fíréin
a bhí dílis do ghlóir an rí.

Bréagnaíonn an scríbhinn ghreanta
méala comónta a mbáis
le cancar an uabhair
nó le ciapadh anama an té
a chuala briathar Dé
ar bhéala daoine
ag fiaradh chinniúint a bhráthar.

A salt wind from the sea
eats away the sandstone slabs
that are soft as bones
returned to dust
under headstones
that look perpetually north,
their backs as straight
as the mind of a soldier
who never questioned the law
that sanctioned his own insanity,
that His will be done on foreign soil.

Their backs are still turned
to the rabble, scum of the earth
transported here to the end of the world
so their human imperfections
could be rectified,
their stubborn bodies humbled.

'They were bold boys
who had to be chastised,'
says the guide, ex-soldier
with polished boots
and the neat fingernails
of a priest, his sweet talk
fouling the air with bullshit.

On the south side
of the island, out of sight
of the sea, the prisoners lie
as they did when they were alive

Creimeann an salann
sa ghaoth ón bhfarraige
gaineamhchloch na huaighe
atá chomh bog le luaith na gcnámh
atá sínte faoin leac seo
a fhéachann de shíor ó thuaidh
chomh díreach le drom
chomh righin le haigne saighdiúra
nár cheistigh an reacht
a cheadaigh a racht
le go ndéanfaí A thoil
ar thalamh choimhthíoch.

Tá a gcúl leis an ngramaisc
i gcónaí, bruscar an domhain
a cuireadh thar loch amach
le go ndíreofaí a nádúr geancach,
go n–umhlófaí a ngéaga stobarnálta.

'Ba bhuachaillí dána iad
ab éigin a cheartú,' arsa an treoraí,
iarshaighdiúir na mbróg snasta
is na n–ingní pioctha sagairt,
a chaint chumhra
ag bréanadh an aeir
le haoileach éithigh.

Ar an dtaobh theas
den oileán, as radharc
na farraige, luíonn na cimí
mar a luíodar lena mbeo

on narrow mattresses
that hurled them against walls
or threw them to the floor
if they moved in their sleep,
a Christian technique
to prevent them resting,
to remind the unclean
the body was a thing
that had to be broken
to free God's likeness
imprisoned within.

And so they wore the lash
like a hair shirt,
and a mantle
of lime ever after
wearing the flesh away
to bone and marrow,
to reveal the crucified
Christ inside.
The impossible
remains just that.

Despite their best efforts,
they found no trace
of the divine
in the unnamed nothing,
the unhuman that is buried here
in an unmarked grave.
The souls of animals
are unworthy of prayer.

ar thochtanna cúnga
a chaitheadh le falla iad
nó amach ar urlár
dá mba chorrach a suan,
teicníocht Chríostaí
a choisceadh codladh,
a mheabhraíodh don rud
gur cuibhreann ab ea an corp
a chaithfí a réabadh
chun macasamhail Dé
ann féin a shaoradh.

Leis sin, chaitheadar
lasc an tsaoiste
mar a bheadh léine róin,
is matal aoil ina dhiaidh sin
a chaith an chabhail
ón gcraiceann garbh
go dtí an cnámh,
ón smior go dtí an smúsach
chun teacht ar nádúr Chríost
arna chéasadh istigh.
An rud nach féidir,
ní féidir é.

Tar éis a ndíchill,
níor fhan aon rian den Tiarna
sa neamhrud, an neamhdhuine
ná maireann a ainm féin
ar an uaigh seo gan leac.
Ní fiú guí le hanam ainmhí.

*But of all the men the most singular in his fate was
another Irishman, one Barron, who lived in a little island
all alone; and of all the modes of life into which such a
man might fall, surely his was the most wonderful. To the
extent of the island he was no prisoner at all, but might
wander whither he liked, might go to bed when he
pleased, might bathe and catch fish or cultivate his little
garden — and was in very truth monarch of all he
surveyed.*

Anthony Trollope (1873)

For ten years
John Barron lived
in these two acres of graveyard,
a crazy holy gardener.
He would not return
to the barbarous mainland
or eat the produce
of the island's desecrated ground,
as though he knew
it would be blasphemy
beyond forgiveness
to taste the remains of Christ
incarnate in the clay.

A holy fool to God
and man, he worked
the violated earth,

*But of all the men the most singular in his fate was
another Irishman, one Barron, who lived in a little island
all alone; and of all the modes of life into which such a
man might fall, surely his was the most wonderful. To the
extent of the island he was no prisoner at all, but might
wander whither he liked, might go to bed when he
pleased, might bathe and catch fish or cultivate his little
garden – and was in very truth monarch of all he
surveyed.*

Anthony Trollope (1873)

Deich mbliana ar fad
d'fhan John Barron
istigh ar dhá acra na reilige
ina gharraíodóir buile naoimh.
Ní fhillfeadh ar an míntír gharbh
ná ní íosfadh aon bharra
a d'fhás istigh ar thalamh
neamhchoisricthe an oileáin,
fé mar a thuigfeadh
gur bhlaisféim dhomhaite
fuíollach chorp Chríost
ionchollaithe sa chré a bhlaiseadh.

Duine simplí le Dia
agus le duine, shaothraigh sé
an talamh éignithe le rámhainn;

turning the sod
that was black
with shadows of the dead,
until, by the grace of this earth,
a mercy of unnamed flowers
blossomed from knees,
armpits, skulls, nostrils,
ears, ribcages, crotches
and broken mouths
that have left no trace
except what the clay remembers
of their flaming ghosts
and you might be forgiven
for thinking that one man's kindness
could heal the brutality of his kind.

'You should go down on your knees
and pray in this sacred place,'
said my gentle pagan companion
but I will not bend
my heart or my knee.
Better to wear a hood
than witness this final degradation
of man made nothing
lest the light of our eyes
diminish the dark
with their gentle glow.

dheargaigh le díograis
an fód a bhí dubh
le scáthanna na marbh
nó gur bhrúcht aníos
as trócaire na cré
raidhse bláth gan ainm
a bhláthaigh as ioscaidí,
ascaillí, plaoisc, polláirí,
cluasa, cliabhraigh, gabhail,
is béil bhriste ná maireann
a rian anois ach gur cuimhin
leis an dtalamh a scáileanna loiscthe
is gur dhóigh leat ar deireadh
go mb'fhéidir go leigheasfadh
cneastacht aon duine amháin
brúidiúlacht choitianta a chine.

'Ba chóir dul ar do ghlúine
agus guí san áit bheannaithe seo,'
a dúirt mo chomrádaí mín págánach
ach ní fheacfainn mo chroí
ná mo ghlúin. Ba chuíúla, dar liom,
cochall a chaitheamh,
gan uirísleacht an duine
ar baineadh an luid dheireanach
dá dhínit scáinte de
a mhaolú le loinnir na súl
a chaolaíonn an doircheacht lena solas tais.

They wore the hangman's hood
during their passion,
for fear the gentle sun
on the face of a comrade
might comfort their tortured minds,
or Veronica's towel of pity
in the eyes of another
wipe the terror from their faces.

And yet, most of them rose again
most of the time from their knees
and kept on going without help,
carrying their crosses to the end,
until the carpenter's hammer
nailed down their battered limbs.

If I call them now,
the grass will not speak of them
for shame, until the wind
bends the military necks of the trees
and a host of names,
straight as standing stones,
rises from the deaf
and dumb cell of the earth:
Thomas Kelly, carpenter,
Edwin Pinder, miner,
James Parsons, sailor,
Thomas Loague, shoemaker
and a gang of labourers

Chaitheadarsan húda na croiche
le linn a bpáise
ar eagla go mba faoiseamh
don aigne chiaptha
an ghrian cheansa
ar aghaidh a chomrádaí a bhrath,
nó go nglanfadh tuáille na trua
i súil a bhráthar
prionda na sceimhle dá éadan.

Agus fós, d'éirigh a bhformhór arís
formhór an ama dá nglúine
is lean orthu gan chúnamh
ag iompar a gcros
nó gur dhaingnigh casúr an tsiúinéara
a ngéaga brúite faoi chlár.

Má ghoirim chugam anois iad,
ní labharfaidh an féar orthu
le náire shaolta,
nó go gcromann an ghaoth
muineál míleata na gcrann
is go bplódaíonn aniar
as balbhchealla talaimh bhodhair
na sluaite ainm chomh díreach le leac:
Thomas Kelly, siúinéir,
Edwin Pinder, mianadóir,
James Parsons, mairnéalach,
Thomas Loague, gréasaí,
agus meitheal spailpín

shovelling the scraws of eternity
from their earthly remains:
Terence McMahon from County Clare,
John Arnold, Norbury England,
John Healy, a Kerryman,
and all their unnamed brothers
who turned the black earth red,
a roll-call of the unfree,
a snailtrail across the hereafter,
a rain without stain
that bows my head
and my stubborn knee
in supplication to the earth.

ag sluaistiú scraith na síoraíochta
dá gcré: Terence McMahon
ó Chontae an Chláir,
John Arnold, Norbury Shasana,
John Healy, Ciarraíoch,
is a mbráithre gan ainm
a dheargaíonn dubh an dúrfhóid,
rolla gan scaoileadh,
glae seilide ar shlí na fírinne,
báisteach gan sal
a umhlaíonn mo cheann
is mo ghlúin righin
le paidir chun talaimh.

Visitors

With that, summer rounds the corner,
blaring its horn,
joyriding with the sun,
windows wide open,
flaunting light and flirtatious noise
before the righteous upstanding air.

Preparations for the rising
are well under way in the bottom drawer,
where T-shirts exchange glances with short pants
and skirts wink at swimsuits
in a huddle of conspiracy.
Trousers have lost their pressed assurance;
slumped jumpers surrender their shape.

At the back of the wardrobe,
under the broken clock,
my grandmother's shoes can feel
forbidden music touch her crippled feet –
                        click of fingers
                  clack of heels
            smack of lips
on powdered cheeks,
the ghost of Ira Gerschwin
kissing her bare shoulder
as heat beats its fists on a car roof,
battering the floor of the flaming sky.

Cuairteoirí

Leis sin, tagann an samhradh
ag adharcáil thar an gcúinne
ar rúid aeraíochta leis an ngrian,
fuinneoga leathan ar oscailt,
ag doirteadh solais is fothram giodamach
ar an aer ceartchreidmheach cúng.

Táthar ag prapáil cheana
don éirí amach sa tarraiceán íochtair;
sméideann T-léinte ar bhrístí gearra,
caochann sciortaí ar chultacha snámha
i gcomhcheilg bhundúnach.
Cailleann geansaithe a gcruth údarásach;
tréigeann treabhsair a siúráil iarnáilte.

I gcúl an bhardrúis, fén gclog briste,
mothaíonn bróga mo mháthar críonna
ceol coiscthe ag bogadh a cos millte,
                    snapadh méar
                  cnagadh sál
              beolsmeaic
ar leicinn daite,
gósta Ira Gerschwin
ag pógadh a gualainn leis
agus doirne teasa ar charrdhíon
ag tuargaint urlár na spéire.

The Creator

Before the morning rose
from a dark shed, below
on the Model Farm Road,
a thrush's beak announced the day,
pecking the tin-foil top
of a milk bottle out on the doorstep.

Before the house woke
from its prenatal sleep,
she had the world to herself,
a well-mannered world that didn't answer back,
giving in quietly
to the gentle authority of her hands.

When she unmuzzled the spout,
cold water nuzzled her hands,
licking her dry fingers;
when she turned off the tap,
the runny nose continued to drip
in the sink and a gimpy kettle
limped on the stove.
Nothing was perfect in this bockety house.

Chipped dishes welcomed her,
plates, mugs and egg cups jostling each other,
until she filled their hungry mouths
with cornflakes crisp as frosted grass,
handsome eggs with moles on their cheeks
and tea so strong a mouse might scamper

An Cruthaitheoir

Sarar éirigh an adhmhaidin aníos
as scioból dorcha, thíos
ar Bhóthar na Modhfheirme,
bhí gob smólaigh ag fógairt an lae,
ag cnagadh ar scragallchaipín
buidéal bainne ar lic an dorais amuigh.

Sarar dhúisigh an tigh
as a shuan réamhbhreithe,
bhí an domhan chuici féin aici,
domhan dea-mhúinte nár labhair ina coinne
a ghéill go réidh d'údarás caoin a lámh.

Nuair a bhain sí an sealán
de mhuineál an sconna,
chuimil an t-uisce smut fuar lena basa,
ligh lena theanga a méara tíortha;
nuair a chas sí an buacaire ar ais,
lean srónsileadh na ndeor
ag binceadh sa soinc agus citeal basctha
ag bacadaíl ar an sorn.
Ní raibh aon ní gan locht sa tigh seo.

Bheannaigh áraistí scealptha di,
miasa, mugaí is ubhchupáin ag guailleáil a chéile
nó gur líon sí a mbéil le calóga arbhair
chomh briosc le féar sioctha,
le huibhe galánta a raibh baill dobhráin
in ard a ngrua orthu, agus tae chomh láidir sin

across its steaming surface
on tiny legs of faith, without drowning.

Up the stairs in Limbo,
land of pillows and blankets,
rags of sleep bandaged his brain
like cotton wool in an aching ear.
He heard the muffled sound
of the small shovel scraping stone
as she cleared the ashes of the day gone out
and set another day kindling in the cold grate.

He heard gusts of static
pitched from one end of the Atlantic
to the other, churning the airwaves
between Reykjavík and Athlone
until she found the right frequency
that put Cork at the centre of the world
talking to her quietly in the kitchen,
six feet under his dream.

As morning followed morning
forever and ever it seemed
he heard his world created
out of nothing. As it was
in the beginning, is now,
and shall be for a time to come
in the mind of the creator
until the clock wakes her
from her eternal dream.

go rithfeadh luch ar mhionchosa creidimh
thar a dhromchla galach gan báthadh.

In airde staighre, i Liombó na bpiliúr
is na bpluid, bhí ceirteacha codlaidh
mar a bheadh olann chadáis
tráth tinnis ina chluais;
d'airigh sé bodharghlór na sluaiste bige
ag scríobadh urlár an ghráta,
ag cartadh luaith an lae a chuaigh as
amach as an dtigh, agus lá úr
á chur síos aici ina chomhair.

Chuala sé gaoth stataice
ag séideadh ó cheann ceann na hAtlantaice,
ag iomramh ar thonnta an aeir
idir Reykjavík is Áth Luain,
gur aimsigh sí an mhinicíocht chruinn
a chuir Corcaigh i gceartlár an tsaoil,
ag caint léi os íseal sa chistin
sé troithe laistíos dá thaibhreamh.

Maidin i ndiaidh a chéile
mar sin go brách,
chuala sé saol á chruthú
as neamhní, mar a bhí ar dtús,
mar atá anois, mar a bheidh go fóill
in aigne an chruthaitheora,
nó go músclóidh an clog í
as a brionglóid shíoraí.

Sliabh Luachra

In the middle of a slide
that twists like a mountain path
then turns like after-hours talk
in the shut pub

Mary Meaindí tiptoes
to a note that isn't there
a centimetre or more
off the floor of the tune –

a bump in the road,
a lull in the talk,
a foothold on the edge
of nothing

when the pull
of the music
leaves the body senseless
and all the souls of the dead
hurl a demented yell
from the mouths of the living:

Buachaill é, a chailín; buachaill é.

Sliabh Luachra

I lár sleamhnáin,
chomh cam le cabhsa sléibhe,
chomh cas le hallagar déanach
san óstán dúnta

seasann Mary Meaindí
ar a barraicíní, ar nóta nach ann
leathorlach lastuas
d'urlár an cheoil:

droinnín sa bhóthar,
stad sa chaint,
teannta coise
ar cholbha neamhní

nuair a scarann
imtharraingt an tsiansa
a chiall den gcorp
ligeann anamnacha uile na marbh
glam buile in éineacht
as béil na mbeo:

Buachaill é, a chailín; buachaill é.

Piseoga

'The sea will have its own.' Tight-lipped,
the islandwomen whispered it,
waiting for their men to return
past treacherous reefs and broken seas,
safe from storms and unpredictable weather,
the unstable mind of the sea.

We don't believe
their silly superstitions.

'That's life,' we say knowingly,
standing on dry land,
Hoping (to god) our children return
in the fragile currachs
of their precious skin
over the rocks that hide
in the swirling deep of the heart.

'That's life,' we say,
as though we knew it all,
ignorant and superstitious,
terrified as any Blasket widow.

Piseoga

'Beidh a cuid féin ag an bhfarraige,'
a deiridís mná an oileáin,
ag fanacht go dochtbhéalach
lena bhfearaibh a theacht
thar charraigreacha báite
is tonntracha briste,
slán ó dhrochshíon is aimsir chorrach,
ó aigne shuaite na mara.

Ní ghéillimid faic
dá bpiseoga míréasúnta.

'Sin é an saol,' a deirimid go cruachúiseach,
inár seasamh ar an dtrá thirim,
ag Súil (le dia) go dtiocfaidh na leanaí
i gcurracha guagacha a gcraicinn shoghonta
thar na fochaisí atá faoi cheilt
i nguairneán aigne fir.

'Sin é an saol,' a deirimid go heolgaiseach,
chomh piseogach, aineolach,
chomh sceimhlithe le baintreacha an Bhlascaoid.

The Bedroom

No lock on the door,
only my mother's final word,
unbending as a steel bolt,
useless as a rope made of sand
when curiosity slipped its leash.

Our nerves betrayed us
with a squeal of creaking hinges
when we pushed open
the stubborn door
and tiptoed past ourselves.

Behind shut curtains, stale breath
warmed the gloomy air;
my heart in my mouth was swollen
as the sacred heart of Jesus
on a shelf above the night-lights;
his martyr eyes
looked down on us
reproachfully as a mother, or a Guard.

The wardrobe in the corner
was smooth as a church pew,
smelling of wax polish and new shoes;
a papal blessing on the wall
warned off strangers in Latin script
as illegible as ogham.

An Seomra Codlata

Ní raibh aon ghlas ar an doras,
ach focal crosta mo mháthar,
chomh teann le bolta iarainn,
chomh díomhaoin le gad um ghainimh
nuair a scaoileadh ár bhfiosracht den iall.

Scéigh ár néaróga orainn
le díoscán ard hinsí
nuair a bhrúmar isteach an doras righin,
ag imeacht ar bharraicíní
thar teorainn ár bhfeasa.

Chlutharaigh an t-aer stálaithe teas anála
taobh thiar de chuirtíní druidte sa tseomra doiléir;
bhí mo chroí im bhéal chomh ramhar
le croí rónaofa Chríost
a chonac ag pléascadh ina chliabhrach
ar sheastán os cionn na gcoinnle oíche,
a dhá shúil martra ár bhfaire
chomh díomách le máthair nó le Garda.

Bhí cófra greanta sa chúinne
chomh mín le huillinn piú,
boladh bróga nua ar an adhmad snasta
agus litir ón bPápa os a chionn
mar a bheadh fógra i ngort
ag fógairt stróinséirí amach
i gcas-scríbhinn Laidine
chomh dorcha le haibítir oghaim.

When I opened the stiff drawer,
the mustiness of a confession-box
mingled with my sweat
as pickpocket fingers
sifted through the wrack –
socks, hankies, and undies,
Christmas presents from us
that they couldn't wear
but wouldn't throw away,
cheap as the thrupenny soul
of FW Woolworth.

With conscience gloved,
I put the rubbish to one side
a gapped razor with a silver handle,
a thingamajig for sharpening blunted blades,
a pair of braces that were the latest thing in 1953,
a tie with a sinister Masonic symbol
 – pincers pulling teeth.

When I reached for the black and white photos,
my mother walked towards me
in such an elegance of silk
I wanted the cool paper
to stroke my cheek;
the old lad in his good coat
just off the train in London,
the wariness of every immigrant
that ever was in his grey eyes,

Nuair a tharraingíos an tarraiceán dúr,
tháinig fuarbholadh bosca faoistine
aníos tré mhus mo chuid allais;
chuaigh méara a bhí oilte ar phócaí a phiocadh
ag taighde sa tsnámhraic
a caitheadh i dtír le stocaí, haincisiúir,
is brístíní i ndrár na bhfo-éadaí,
bronntanaisí Nollag na leanaí,
giuirléidí daite gan mhaith
chomh táir le hanam tuistiúin FW Woolworth,
nár mhaith leo a chaitheamh
ná a chaitheamh amach.

Bhí lámhainní ar mo choinsias agam
is mé ag leagan an bhruis i leataobh,
rásúr fiaclach a raibh cos airgid faoi
agus gléas míorúilteach a chuirfeadh faobhar
ar lann mhaol; seanghealas sa bhfaisean
ba nua-aimseartha amuigh i naoi déag caoga a trí,
carabhat le suaitheantas diamhair Máisiúnach
– pionsúr ag stathadh fiacla.

Nuair a d'aimsíos na grianghrafanna dubhagusbána,
bhraitheas mo mháthair ag teacht im threo
i ngúna galánta a bhí chomh mín síodúil
gur theastaigh uaim an páipéar fuar
a chuimilt lem ghrua,
an seanbhuachaill ina chóta lachtna
ag teacht as staisiún traenach i Londain Shasana,
amhras síoraí an imircigh ina shúil ghlas,

as if the nudge of the camera
had distracted him from his thoughts.
What was in his head
when we were still in Heaven
eating pandy with the angels?

Right at the back of the drawer
my mother's secret hoard
was stowed in a wooden box –
brooches, bracelets, gold and silver rings,
glittering things she had taken off her
one by one as the passing years
stole her precious dreams.

When we opened that door,
we found bright corridors
we never dreamed of in our house;
we walked through airy rooms
they had abandoned long ago
when we brought our tiny troubles
in muddy shoes through the white halls
of their innocent and endless dreams.

When I try to leave,
afraid of being caught
where I have no right to be,
that something I'd rather not know

mar a bheadh olc air gur chuir sonc
uilleann an cheamara isteach ar a mharana.
Cad a bhí ina cheann
nuair ná rabhamar in aon chor ann,
nuair a bhíomarna fós ar Neamh
ag ithe peaindí leis na leaids?

I gcúl an tarraiceáin, laistiar den iomlán,
bhí saibhreas gan áireamh i dtaisce
i mbosca greanta adhmaid ag mo mháthair:
bróistí, bráisléidí, fáinní óir agus airgid,
taibhrí a bhain sí di ina gceann is ina gceann
de réir mar a bhain na blianta
a mianta luachmhara di.

Nuair a d'osclaíomar an doras sin,
nochtamar dorchlaí geala nárbh eol dúinn
go dtí sin inár dtighne.
Shiúlamar rúmanna aeracha
a thréigeadarsan fadó
nuair a thugamarna ár dtrioblóidí beaga
i mbróga salacha tré hallaí bána
a gcuid taibhrí móra gan smál.

Nuair a chuirim chun imeachta anois
ar eagla go mbéarfaí orm istigh
sa tsaol eile sin nach liom,
go dtiocfadh fios i ngan fhios

will sneak up
and wallop me on the ear,
and I'll never
get out of here,
my mind is stuck
and the door
won't close behind me.

Already I hear
children whispering
on the landing.
I can't move.

aníos taobh thiar díom,
go mbuailfeadh leacadar
fé bhun mo chluaise orm
is nárbh fhéidir liom éalú,
tá m'aigne i ngreim
is ní féidir an doras
a tharrac im dhiaidh.

Airím cheana
cogarnach leanaí
ag barr an staighre lasmuigh;
ní féidir liom bogadh.

The Cornfield

We called it the short cut,
only the reluctant pilgrimage
to school took five minutes longer
if you went through the cornfield
that the culchies had left behind
like a stray donkey
among the housing estates
to be mocked at by honking cars.

For the life of her, your mother
wouldn't let you within an ass's roar
of the place. Who knows
who'd be watching
or lying in wait for you
if you left the straight and narrow
and took to the beaten path
dug up by the small feet of bold boys
who paid no attention
to a mother's commandments.

From the moment I put my foot
in the devil's grip
and he hoisted me over the fence,
the shit of disobedience
stuck to the soles of my shoes;
dirty water seeped through the holes
in my socks; guilt left its mark
under grubby fingernails.

An Gort Arbhair

1.

Chuireadh sé cúig neomat moille
ar an oilithreacht chostrom
go dtí teach na scoile
ach thugtaí an t-aicearra ar a shonsan
ar an ngort droinníneach
a d'fhág an tuath ina diaidh
mar a bheadh asal ar strae
idir dhá eastát tithíochta
is adharca gluaisteán
ag séideadh faoi.

Ní cheadódh do mháthair
ar a hanam go raghfá
i ngiorracht scread asail don áit.
Cá bhfios cé a bheadh ag faire
nó ag luí ort i ngan fhios
dá bhfágfá an bóthar ceart,
dá siúlfá an cosán dearg
a bhí treafa cheana
ag spádchosa beaga buachaillí dána
nár thug aon toradh ar aitheanta do mháthar.

Ó chuireas mo chois i mbois
an diabhail is mé ag dul thar claí,
ghreamaigh draoib na heasumhlaíochta
do bhoinn mo bhróg,
shnigh donnuisce tríom stocaí pollta,
bhí rian na ciontaíle feasta
fém ingní smeartha.

2.

The field was harmless as a ladybird
when a breeze brushed the corn
with combs of light,
ruffling the children's hair
as they plundered the bushes and briars

for itchybacks whose hairy seeds
would scald your back
and rowanberries full of snot
that would blow their noses
in your fist. Sloes that would drain the ocean
left you their selfish thirst,
your fingers bleeding curiosity.

As night shut the gates of light
behind the tinkers' camp,
the gangs gathered in the hollow
at the centre of the field.
Their laughter smelled of cider,
fire on their cheeks
as they took turns fighting,
messing, and playing touch-move
on skin that was smooth
as a chestnut peeled of its shell.

The smell of burnt tyres
and other smells I didn't recognize
were tied in their hair
as they raced home against the moon,
the seven-league-boots of their hearts
running them into the ground.

2.

Bhí an gort chomh suáilceach
le bóín Dé nuair a shlíoc an ghaoth
na slaoda arbhair le cíora solais
a d'fhág casfhoilt leanaí in achrann
is iad ag creachadh sméar den dris chatach

– *itchybacks* lán de shíol féasógach
a loiscfeadh do dhroim le tochas,
an caorthainn smugach
a shéidfeadh a shrón i gcúl do bhoise,
an airne dhubh a thraochfadh an fharraige
a d'fhág tart gan chuimse im bhéal,
mo mhéara prioctha ag fiosracht ghéar.

Sarar iaigh an oíche geata an tsolais
laistiar de champa na dtincéirí,
chruinníodh na Fianna sa log i lár an ghoirt,
boladh ceirtlise ar a ngáirí baoise
agus tinte cnámh ar a ngruanna gartha,
greas ag bruíon, greas le crosántacht,
greas i mbun táiplise ar chraiceann chomh mín
le castán nuabhainte dá shliogán.

Bhí boladh boinn chairr á ndó
is bolaithe eile ná féadfainn an uair sin
a ainmniú ceangailte go dlúth
ina gcuid gruaige aimhréidhe,
buataisí seacht léig féna gcroíthe
is iad ag rás i gcoinne na gealaí
ar a slí abhaile
                              chun talaimh.

3.

As soon as the combine had gone
we built a house from bales of straw.

It was dark inside. You couldn't stand
or sit or stretch in the barbered stubble.

My mind was on the run,
hunkered down by a campfire
in the wild west
listening to the cicadas
brawling in the cactus behind us.

When they knocked our hut
on top of us, I went under
in a sea of blankets, pillows
and eiderdowns, drowning
in seed dust, spit, and straw.

And not so much as a spoonful
of air in my smothering lungs
that all the sweet air in the world
would never again fill up with trust.

3.

Chomh luath is a d'imigh an t-inneall bainte,
thógamar tigh i measc na gcornaí.

Bhí sé dorcha istigh. Ní fhéadfaí seasamh,
suí ná síneadh siar sa choinleach barbartha.

Bhí m'aigne ar a coimeád,
ar a gogaide cois tine san iarthar fiáin
ag éisteacht le bruíon na cicadas
sna toir chactais taobh thiar dínn.

Nuair a leagadh ár dtigh tuí anuas orainn,
líon farraige pluideanna,
piliúr, is cuilteanna móra mo bhéal;
bháigh tonn dusta síl, seilí
is ribí tuí mo pholláirí leata.

Ní raibh oiread is spúnóg aeir
im scamhóga craptha
ná líonfadh a raibh d'aer álainn dofhála
fén spéir chruálach lasmuigh
go deo arís le trust.

4.

There was just a year between us
and the invisible walls of habit
that kept the two suburbs apart
when she was snatched
one winter morning
before the sun rubbed sleep
from her eyes, before the clock moved
a paralytic hand towards the light.

We avoided the short cut that week.

Frost snapped at our heels
on the straight road to school
till her body was found,
nested in an armful of straw
in an outhouse on the back road to West Cork
and they put the childish monster
who had robbed her breath
back to the infants' class in the madhouse.

On our knees that night
as we said the rosary,
the floor grazed our skin;
we covered her perished soul
with worn-out prayers,
lit a candle at the feet of Mary
to keep out the night for a while,
drew scattered covers over frozen bodies
that would never again be warm.

4.

Ní raibh eadrainn ach bliain
agus fál go haer na nósimeachtaí
a dheighil na bruachbhailte go beacht,
nuair a fuadaíodh í maidin gheimhridh
sarar chuimil an ghrian
na sramaí codlata dá súil,
sarar bhog an clog
leathláimh phairiliseach i dtreo an tsolais.

Sheachnaíomar an t-aicearra an tseachtain sin.

Bhain fiacail an tseaca snap as ár gcosa
ar an mbóthar díreach go dtí teach na scoile
nó go bhfuarthas a corp dreoilín
neadaithe i mbaclainn tuí
i gcró feirme ar an gcúlbhóthar go hiarthar Chorcaí
is gur cuireadh an t-arrachtach simplí
a bhain di a hanáil faoi ghlas arís
ar ais i rang na naíonán i dteach na ngealt.

Ar ár nglúine dúinn an oíche sin
ag rá na corónach,
do ghoin an t-urlár ár gcraiceann;
leathamar paidreacha scáinte
ar a hanam préachta,
chuir coinneal ag cosa Mhuire
a choinnigh an oíche amuigh go fóill
is d'fhill na pluideanna sceite
ar chnámha leata nárbh fhéidir a théamh.

A day or three after,
we let our terror off the hook,
and dragged our worries from the gap of danger;
when we walked out into the tall grass,
we felt the broken earth give way
as we found our feet
and walked tall again,
like heroes, in our own footsteps.

Terror watched us from the nettles
on both sides of the track,
swollen eyes winking at us
from puddles on the beaten earth.

Her breathless shadow
played along beside us
as weeds of doubt that can't be killed off
sprouted through the thick corn.

5.

The cornfield is buried
under concrete now
with luxury homes
blossoming all around it.
No room here for tears
or sadness, and dirty nails
never cross their disinfected threshold.

Lá nó trí ina dhiaidh sin arís,
scaoileamar an tsreang dár sceimhle,
bhain sceach na himní as an mbearna bhaoil
is shiúil amach sa bhféar ard
gur bhraitheamar an chré choscartha
ag bogadh fénár gcosa,
gur aimsigh ár mbróga gaiscígh
na poill a bhí tochailte acu cheana.

Bhí uamhan neantógach ár bhfaire
ar dhá thaobh an chosáin
is súile boilgíneacha ag sméideadh orainn
sa phluda ar an talamh bhrúite romhainn.

Bhí gaiseá ar a scáil aerach
ag súgradh inár dteannta sa ghort
agus cogal an amhrais nach féidir a bhac
ag eascairt aníos trína lár dlúth.

5.

Tá tocht stroighin
fillte ar an ngort anois
agus tithe galánta
ag bláthú ar gach taobh de
ná ceadaíonn gol ná gruaim
ná ingní salacha
thar a dtairseach shnasta.

And still the children's shoes
stink of dirty lanes that creep
between the blocks of flats,
a short cut, they claim,
on the way to school,
beyond a father's call from home,
close as a child's scream to eternity.

Agus fós, tá boladh
ar bhróga na leanaí,
rian dramhaíle ó lánaí lofa
idir dhá bhloc árasán,
cóngar, mar dhea, chun na scoile,
thar ghlaoch athar ón mbaile,
i ngiorracht scread linbh don alltar.

Daughter

She is full of love
as a milk jug, filled
to the lip and above
or a brimming bucket
spilling sea
on parched sand.

She pours pure joy
and brings me the best of it,
the champion's portion of light
in cupped hands,
never spilling a drop.

I am afraid to take hold
of the tide
in the cracked bowl of my fists,

but the sea rushes in over my head,
flooding the thimble of my heart
that couldn't, but for her,
                    catch a cuckoo spit.

Inghean

Tá sí chomh lán de nádúr le crúiscín
a bheadh ag cur thar maoil le bainne,
nó le buicéad uisce
líonta thar a bhruach
ag stealladh farraige
ar ghaineamh spalptha.

Scairdeann sí áthas gan smál
is beireann chugam an farasbarr
curadhmhír an tsolais
i mbasa fíneálta
gan deoir a dhoirteadh.

Tá eagla orm breith uaithi
ar an dtaoide lán
i mbabhla scoilte mo lámh

nó go ritheann an sáile os mo chionn
is briseann ar mhéaracán mo chroí
ná toillfeadh seile cuaiche ann
                                    murach í.

Changeling

She did as she was told
and put her two arms
over her head
while I pulled off
her too-tight jumper.
Then she scuttled away,
slipping and sliding
on the greasy floor,
heading for the bath.

In the blink of an eye,
the changeling had taken on
my daughter's beloved form,
running away from me
into eternity
on an unending road
in South Vietnam,
bare as an unlidded eye,
without a stitch
to protect her nakedness
from my evil eye
when the camera winked
a blind eye at her, like this.

When you come back to me
screaming with pain,
the scars of the other one
are printed on your dripping skin,
burned by the boiling water
that sweats from my scalded eyes.

Iarlais

Chuir sí a dhá láimh
in airde go humhal
gur bhaineas di
a geansaí róchúng
is d'imigh de chromrúid
ar a camchosa
ag sciorradh ar an urlár sleamhain
go dtí an folcadán.

I bhfaiteadh na súl,
ghaibh an iarlais uimpi
cló muirneach m'iníne
is rith isteach
sa tsíoraíocht uaim
ar bhóthar gan cheann
i Vítneam Theas,
chomh lomnocht
le súil gan fora,
gan luid uirthi
a cheilfeadh a cabhail thanaí
ar mo shúil mhillteach
nuair a chaoch an ceamara
leathshúil dhall uirthi, mar seo.

Nuair a nochtann tú chugam
ag scréachaíl le tinneas,
tá taise a cló buailte
ar do chraiceann fliuch,
loiscthe ag an uisce fiuchta,
ag allas scólta mo shúl.

Telling Tales

She doesn't credit
a blessed thing I say,
not one word
of the white lies
great minds invented
to lull gullible children
when the light
begins to fail.
Always and ever
her eyes are full of worry
as the Zuyder Zee in flood;
she keeps her thumb
pressed tight
in the leaking dam
of her mouth,
terrified the sandbanks will break
and all the waters
of the world
close over her drowning head.

O my reluctant saviour,
my frightened champion,
my wailing Gráinne,
my shitscared heroine.

Finscéalta

Ní chreideann sí
aon ní dá ndeirim,
aon fhocal
de na bréaga beaga
a cheap daoine móra
chun leanaí a mhealladh
le titim uafar na hoíche;
i gcónaí, i gcónaí,
tá a dhá súil
chomh lán d'imní
leis an Zuyder Zee
faoi thuile.
Coinníonn sí ordóg
go dlúth i ndamba
pollta a béil, sceimhlithe
go réabfar na bainc ghainimhe,
go rithfidh uiscí
an domhain go léir
os cionn a haigne báite.

Ó mo ghile meata,
mo chladhaire gaiscígh,
mo Ghráinne Mhaolchluasach,
is mo bhuinneachán buí ó.

Accidentally

The kitchen dresser trembles with fright
as dishes hurl themselves on concrete floors.

A sensible teak table starts rocking;
jugs and kettles spill
their terror on woollen carpets.

The goldfish rises from his glass cell
in a radical gesture of self-expression,
free to die at last.

The terrorist, wide-eyed and innocent,
sits by the television
eating Corn Flakes.

Timpbriste

Critheann an driosúr le sceon;
léimeann gréithre ar urlár coincréite.

Cromann bord stuama ag longadán;
scairdeann crúiscín is citeal
imeagla ar chairpéidí olna.

Éiríonn an t-iasc órga as a chillín gloine
le gníomh raidiceach féinurlabhra,
neamhspleách ar uair a bháis.

Suíonn an sceimhlitheoir soineanta
in aice na teilifíse,
ag ithe calóg arbhair.

The Genealogy of Eyes

Like your mother before you,
the green green
of your tinker eyes
is unmistakeable,
fresh and real
as cowdung.

There's a less
than subtle hint in that
for anyone with eyes
in her head
or his:

that you will shit
buckets all over
any and every one
whose heel would crush
your soft, soft heart.

Ginealach na Súl

Ar nós do mháthar romhat,
tá glasuaine
do dhá shúil tincéara
chomh híogair nádúrtha,
chomh húr
le bualtrach bó.

Tá foláireamh ansin
don duine
go mbeadh radharc na súl
ina cheann fireann
nó baineann

go gcacfaidh tú
sconna buinní gan stop
ar éinne a shatlódh
ar do chroí
                    róbhog.

The Fruit Market

As though a superstitious sun
had thrown a pinch of salt
over its shoulder
– flitters of light
falling
on your seawashed skin –
tonight your body
is stippled with freckles.

When you take off the dark threads
that hide the brightness
of your limbs,
your body breathes its own scent;
a green apple
peeled of its polished skin.

'You mean a pear,' you say,
your equinoctial smile
eclipsed a little
by the sadness of the moon,
'the time for apples
is long gone.'
The shadow of your finger
lingers on the broken lightswitch.

The sun is turned off
and a full moon rises
from a gutted orchard with her haul.

Aonach na dTorthaí

Fé mar a chroithfeadh grian phiseogach
pinse salainn thar ghualainn nocht
is go dtitfeadh
ina frasa solais
ar do chraiceann goirt,
tá conamar breicní
ar do cholainn anocht.

Nuair a bhaineann tú díot
na snátha dorcha
a cheileann gile do ghéag,
ligeann do chorp
a sainchumhracht
mar úll glas
nuair a bhaintear a chraiceann snasta.

'Péirín, a bhuachaill,' a deir tusa,
urú duaircis
ar do gháire lae leathaigh,
'tá deireadh anois
le séasúr na n-úll.'
Leagann tú scáil do mhéar
ar chnaipe stomptha an tsolais.

Múchtar an ghrian
is éiríonn gealach lán
as úllghort creachta lena slad.

She hangs a constellation
of fresh fruits
on the bare branches of the sky,
like magic lanterns shining
on your ripening body
that makes my teeth water:
the taste of pears and perfect apples.

Crochann réaltbhuíon na dtorthaí úra
ar chrann lom na firmiminte
mar a bheadh laindéirí draíochta
ag lonrú
ar do cholainn torthúil,
a chuireann uisce t[r]ím fhiacla i gcónaí
lena blas péiríní is úll aibí.

Heartbeat

Rain clatters
like marbles on the roof,
fingernails of fear
drumming
my skull.
I can't sleep.

Behind shut eyes,
she trails the sun
down the long hall of sleep,
her body laid out beside me,
limp as straw,
beyond temptation.

For less
than a split
second,
her indrawn breath
stops,
a phone about to ring,
a car about to crash.

The wind holds
its breath and listens.

The tick of a hundred
unsynchronized clocks
muffles the whisper of blood
in my failing heart

Croíbhualadh

Ta mirlíní fearthainne
ag clagarnach ar an ndíon,
ingní na himní
ag drumadóireacht
ar bhlaosc mo chinn.
Ní féidir liom codladh.

Laistiar dá súil iata,
leanann sí an ghrian
tré dhorchla fada an tsuain,
a corp sínte
buailte suas liom
gan cathú soip.

Ar feadh achair níos lú
ná an t-achar is lú,
stadann a hanáil
ag a huasphointe
tarraicthe,
guthán sara mbuaileann,
gluaisteán sara dtuairteann.

Tá gaiseá ar an ngaoth
agus cluas le héisteacht.

Múchann callán
na gcéadta clog ar míghléas
sioscadh na fola
im chroí brúite

until her chest falls,
releasing
its sweet burden of air
in the terrorhood
that has smothered my mouth.

A happy commotion floods my pulse,
the bedlam of bumpers
on a bank holiday in Youghal,
a din of ringing telephones
after closing time in the exchange,
rain clicking its heels
on a slate roof
until the muttering
of cantankerous clocks
drowns the clapping of my heart,
telling me sometime
in time to come
her breath will stop
for longer than forever.

The unrelenting rain
shovels gravel over my head.
Can't sleep.

nó go dtiteann a cliabhrach
is scaoileann
a eire ionmhuin aeir
i gcochall plúchta
an uamhain ar mo bhéal.

Pléascann clampar aitis im chuisle
le torann cnagcharr
lá aonaigh in Eochaill,
gliogarnach guthán
sa mhalartán dúnta,
bróga na fearthainne
ar urlár slinne os mo chionn,
nó go n-éiríonn
cogarnach na gclog míchéatach
os cionn bhuillí boise mo chroí
á rá liom amach anseo
go stadfaidh a hanáil
ar feadh achair níos faide
ná an tsíoraíocht.

Leanann an bháisteach
ag sluaistiú cloch lasnairde.
Ní féidir codladh.

The Lucky Caul

The everyday wordbrawl
is temporarily suspended,
another shovelful of useless talk
brushed out the door
with the usual rubbish.
I don't have to speak
or strangle myself again
in the collar and tie
of language, until tomorrow.

I hear the children's dreambreath
sleepwalk through the house,
fluent as the fingers of mutes
speaking of things
the mind can't hear
until the tongue is tied.

Catwoman purrs beside me,
bad thoughts slinking
through her stretching limbs,
her toes touching the hollows
behind my knees, eager
as a kitten's tongue lapping milk.

My heart is swollen
like a plastic bag in a gutter
full of rainrubbish.

Caipín an tSonais

Tá an briatharchath laethúil thart,
lá lán d'fhocail gan éifeacht
glanta as an dtigh
leis an ndramhaíl choiteann.
Ní gá dhom labhairt
ná carabhat na bhfocal
a chur orm arís go maidin.

Airím néalanáil na leanaí
ag suansiúl ar fuaid an tí
chomh cabanta le méara na mbalbh
ag caint ar nithe
ná cloiseann an aigne i gceart
nó go gcuirtear snaidhm
ar a teanga righin.

Ta catbhean ag crónán lem ais,
fonn macnais ag lúbarnaíl
trína colainn síos,
a barraicíní lem ioscaidí
chomh híogair le teanga piscín
ag leadhbadh bainne.

Tá mo chroí chomh hata
le mála plaisteach sa tsráid
a chruinníonn muirchur báistí.

I'm so light in the head
a wren's fart would blow me
clean into the next world

only I have chosen
over all eternity
this moment that always was
and always will be
already gone
in the blink of an angel's wing.

Táim chomh haerach ceannéadrom
go séidfeadh braim dreoilín mé
de chlár na cruinne cé

ach go mb'fhearr liom
ná an tsíoraíocht thall
an neomat seo gan tús, gan deireadh,
atá caite cheana
i bhfaiteadh eití aingil.

Homework

'*Kaykweeawillthoo?*' says you,
slipping in beside me
after your shower,
your body smelling of apricots.

I nearly jumped from my skin
when a stranger's voice
whispered to me suggestively
from your parted lips.

'*Thorampogue ashtore,*' she says,
and I could have sworn it was you
until her sweet talk silenced
the lisping stammer of my heart,
a *lá breá* with his tongue
hanging out, eager as a notebook,
guzzling words in the Black Fields
– *clais, criathrach, díog* –
in the thatched kitchen,
– *clúid, gríosach, tlú* –
belly-to-the-sun on Clochar Strand.

'*Gotcho,*' says the shameless voice
beside me, her quick tongue in my ear,
her soft hand on my *pilibín cleite,*
her arms wrapped around me

Foghlaimeoirí

'Kaykweeawillthoo?' ar tú,
ag sleamhnú isteach lem ais,
cumhracht aibreoige leata
ar do chorp tar éis cheatha.

Ghlacas sceit
nuair a chuala an guth allúrach
ag labhairt liom
as do liopaí scartha.

'Thorampogue ashtore,' ar sise,
is thabharfainn an leabhar
gur tusa a labhair
nó gur bhalbhaigh a béal binn
trudaireacht bhriotach mo chroí,
lá breá is a theanga amuigh aige
le craos leabhair nótaí
ag alpadh focal sna Gorta Dubha:
 – *clais, criathrach, díog* –
sa chistin ceann tuí,
 – *clúid, gríosach, tlú* –
bolg le gréin ar Thráigh an Chloichir.

'Gotcho,' arsa an glór mínáireach im aice;
chuir a teanga lúfar isteach im chluais,
láimh shlim ar mo philibín cleite,
géaga láidre im thimpeall

as a spurt of hot words
rises inside me,
straightening my spine,
covering my skin from head to toe
with flawless grammar,
teaching me a lesson
in fluent Sax-Gaelic,
in tongue-tied pillow talk.

nó gur éirigh de spreang orm
tonn focal teaspaigh
a bhain freang as mo dhrom righin,
a chlúdaigh mo chraiceann
ó rinn go sáil
le gramadach aclaí,
a mhúin dom ceacht ar Ghaorla gasta,
ar Bhéarlachas líofa na bpluid.

Shocked

I was putting your things
on the line, white stockings
embroidered with spiders
and bantam cocks,
inside out as always,
as if you had taken off in a hurry.

As if I didn't know you better,
your longfingered habits
that break the hearts of clocks
day after night after day,
pushing their hands apart
as though they were walls in a nightmare
hemming you in.

I eased my hand
along the vamp of a stocking-foot,
turning it outside in
and it covered my hand like a glove,
intimate as your instep
on the soft spot just there
above the back of my knee.

I could have sworn
that every inch
of my sorry bones
had left this solid earth
as each and every hair,
from the back of my hands

Turraing

Bhí do chuid traipisí
á gcur amach agam ar líne,
stocaí bána go bhfuil damháin alla
is coileacha gearra ina sníomh,
tuathalach mar is gnáth leat,
mar a bhainfeá díot fé dheifir.

Mar dhea, a bhean mhéarfhada
a réabann greim na gclog,
a scarann a lámha dá chéile
lá i ndiaidh oíche is lae
mar a bheadh fallaí i dtromluí
ag teannadh ort.

Chuireas leathláimh síos
go barr cos na stocaí,
á dtiontú amach isteach
is luigh an stuif mhogallach
ar chúl mo bhoise
chomh híogair le trácht do bhoinn
ar an gcraiceann mín laistiar
lastuas dem ghlúin righin.

Ní mór ná gur éirigh mo chabhail,
mo chual bocht cnámh
ó chlár na cruinne cé
leis an éirí a tháinig
ar gach ribe fionnaidh
ó rí mo láimhe aníos

to the nape of my neck, stood up
when the surge hit the wall inside my skull,

source of the charge
that stood my hair on end,
poking fingers and thumbs
through a stocking-heel,
till my hand burned
with the celibate shock of it.

tré chúl mo mhuiníl, gur aimsigh
sa bhfalla coirtéise faoin mblaoisc

foinse na haibhléise
a chuir gruaig mo chinn ina colgsheasamh
a bhrúigh lúidín, ladhraicín is mac an aba
tré sháil stoca glan amach,
gur loisceadh mo mhéara
le turraing na haontumha.

Cork

It was cold and wet
on French's Quay
the day I left,
the car tight
to the kerb
as the side of a ship
tied up at the pier.
Worn-out tyres
from the shut-down factory
scraped the quay wall
where the rats
had come ashore.

In our submarine town
the river rained down
from above. A lifebelt
worked its way free
from a mooring post
across the street
from Forde's Funeral Home.
Corporation gutters
were choked with wrack
brought in by the tide
as drowned dogs,
stowed away in coal bags,
were washed out to sea
through Passage West.

Corcach

Bhí sé fuar fliuch
ar French's Quay
is mé ag triall arís
ón mbaile, an chairt
ina seasamh chomh dlúth
leis an gcosán le bord soithigh
buailte le caladh
is seanbhoinn stractha
ón monarchain dúnta
ag scríobadh falla na cé
san áit inar tháinig
na francaigh i dtír.

I gcathair na gcuan
is an abhainn ag titim
ón spéir, bhí fáinne tarrthála
scortha dá chuaille
trasna na sráide
ó theach na sochraide.
Bhí sclogphíopaí an Bhardais
á dtachtadh ag feamainn bhruscair
a bhrúcht aníos sa tsruth faoi thír
is madraí báite
á dtabhairt chun siúil
i málaí guail
thar farraige amach
i dtreo an Phasáiste Thiar.

The back of the car
was warm as a kitchen,
watertight as a fish's arse,
until a single swollen drop
fell on the windscreen,
trickled through a crack
in the reinforced glass
and along the bridge
of our captain's nose
where he sat unmoved
in the front seat.

When the riverbanks broke
behind my father's eyes,
tin buckets
couldn't bail me out
as tears gushed
through the eye of a needle
and Jesus wept over
my submerged head.
Church spires
and railway lines crumpled,
millstones, and hearts
like stone, were broken,
walls and flagstones buckled
as the earth moved
and the asthmatic bog
filled my lungs again.

Bhí cúl na cairte
chomh cluthar le cistin,
chomh díonach ar uisce
le bundún éisc nó gur thit
deoir mhór amháin
ar ghrua na fuinneoige,
shil tré scoilt sa ghloine
is dhoirt thar dhroichead
sróine mo chaiptín
a shuigh gan chor
sa suíochán tosaigh.

Nuair a bhris na bainc
taobh thiar de shúile m'athar,
ní thraochfadh galún stáin
an ráig a bhris
tré pholl sa bhfirmimint
ar mo cheann báite.
Bhí stuaiceanna eaglaise
is bóithre iarainn á lúbadh,
croíthe is bróinte muilinn
á smiotadh, fallaí
is leacacha sráide
ag tabhairt uathu,
an talamh ag bogadh
is giorranáil an phortaigh
in uachtar arís ionam fhéin.

I couldn't wait to get away
from the soft soft earth
that had made me
before the last tear
was squeezed
from the stone in my heart,
before love
wrapped itself
round my neck,
dragging me, drowning,

                    home.

B'fhada liom go dtréigfinn
an chré róbhog
dar di mé,
sara bhfáiscfí
an deoir dheireanach
as an gcloch im lár,
sara gcaithfeadh an grá
a dhá láimh
timpeall mo mhuiníl
dom tharraingt síos
go tóin an phoill

                abhaile.

Gaol Cross

It was threatening rain all morning
the day my father left
his father's house.
My grandmother clutched
her crumpled handkerchief
so the angry sky wouldn't wet her face.

His Sunday best was freshly pressed,
heart shut tight and a double knot
on the twine that kept
his cardboard suitcase together,
so the ties that had him bound
for England could not be undone.

When the rough twine chafed his hand,
the eyes in the back of his head
saw Tomás Óg Mac Curtain
march in front of the house,
head and shoulders above his Garda escort
as the greatcoat of the Free State
hid the handcuffs
that chained him to the future.

He heard again from the walls
of the old gaol, gunshots as sudden
as a flurry of windfalls;
that day he was out robbing apples
in the orchard behind the Western Star,
a man was shot in the river-field,
on the run from his place in the history books.

Gaol Cross

Choinnigh mo mháthair chríonna
hainceasúr brúite le croí a dearnan
chun nach bhfliuchfadh racht na spéire
a leiceann tíortha,
mar bhí báisteach air ó mhaidin
an lá a d'fhág m'athair an baile.

Bhí a bhalcaisí Domhnaigh
nua-iarnáilte, a chroí fáiscthe
is snaidhm dhúbailte ar an iall
a cheangail a chás cairtchláir
chun ná scaoilfí an gad
a choinnigh é i dtreo chun imeachta.

Nuair a chuir sé a bhais i nglais lámh an rópa,
chonaic an tsúil i gcúl a chinn
Tomás Óg Mac Curtáin
ag siúl ar aghaidh an tí,
a cheann go hard thar ghuaillí
an Gharda is cóta an tSaorstáit
thar chaola a lámh ag ceilt na slabhraí
a cheangail an cime don todhchaí.

D'airigh sé arís ó bharr na sráide
rois piléar chomh fras le cith úll;
lá dá raibh sé féin i mbun creiche
san úllord laistiar de Réalt an Iarthair,
maraíodh fear a chuaigh ar a choimeád
ó ghéibheann na leabhar gabhála,
sa chlais le hais na habhann.

He heard the shouts of all the mothers
on the street that day,
loud as a clatter of binlids,
calling the boy-troop home,
his own name sworn like an oath
for all the world to hear.

For the second time, he turned a deaf ear
to the old woman as he gripped his suitcase
and covered it with the telltale sign
of the immigrant, a woollen rug
that marked him out more clearly
than his thick Cork accent.

The day our white-headed boy left home,
there was an orange glow over Sunday's Well
as if bonfires blazed at the wrong time of year
or mattresses burned above the prison gates.

A silver trout tossed a coin
under the Sacred Heart Bridge,
abandoning his element

as I crossed over
in my father's footsteps
making for Shannon Airport

the light was dying
in my grandmother's eyes

as she stood like a statue in the dark
looking after me from the foot of the cross.

Chuala sé uaill na máithreacha
go léir ón lá sin sa tsráid
chomh garbh le claibíní bruscair á ngreadadh,
ag glaoch abhaile ar an macra,
a ainm féin á fhógairt
amhail móid dílseachta os comhair an tsaoil.

Thug cluas bhodhar an tarna huair
don tseanbhean, rug greim ar a chás
is chuir pas coitianta na himirce
os a chionn, an ruga olna a d'fhág
séala na himpireachta chomh follas air
lena thuin ramhar Chorcaí.

An lá a d'imigh ár mbuachaill bán,
bhí solas flannbhuí sa spéir
mar a bheadh tinte cnámh ar lasadh
go hantráthach nó tochtanna leapan á ndó
ar bharr fallaí an phríosúin.

Chaith breac geal scilling in airde
faoi Dhroichead an Chroí Rónaofa
á scarúint féin lena nádúr báite

nuair a shiúlaíos an droichead ina dhiaidh
ar mo shlí go hAerfort na Sionainne

bhí an ghrian ag dul faoi
i súile mo mháthar críonna

a d'fhan ina staic sa doircheacht
ag féachaint im dhiaidh ó cheann na croise.

Silk of the Kine

I remembered my Grandad
back in the stone age
in that prehistoric shed
milking light
from the hard teat
of an old cow

when flight EI 32
turned its dripping snout
towards home,

as cumbersome
as the barren
white-backed heifer
that took one last look
at the green hills
she will never turn to milk

before boarding the ramp
of the faithful, brown,
slaughterhouse truck.

Síoda na mBó

Chuimhníos ar m'athair críonna
i ré na clochaoise
sa tseid réamhstairiúil
ag sniogadh gile
as sine righin na seanbhó

nuair a chas EI 32
a smut tais
ag smúrthaíl
i dtreo an bhaile

chomh malltriallach
leis an ndroimeann seasc
a d'fhéach thar n-ais
ar ghlaise na gcnoc
ná tálfaidh sí choíche ina lacht

sara gcuaigh isteach
i dtrucail donn
dílis an tseamlais.

Oisín

As soon as I climbed
from the sky-horse
and set foot again
on the ground,
I saw my reflection
brought down to size
until it fitted easily
in your narrowed eyes.

My breath quickened
as you wrapped
your arms around me,
bones became straw
under the weight
of your welcome home.

By the time we left
the revolving airport door,
your shadow was too much
for my puny shoulders
and the world without end
I had left behind
at the end of the runway
was gathering speed
over Fastnet Rock.

Oisín

Ní túisce a thuirling
mo chois den spéir-each
is theagmhaigh arís
leis an dtalamh,
ná chonac mo scáil
giortaithe id shúil,
craptha i dtoirt
nó go bhfillfeadh gan dua
i gcaola do mhac imrisc.

Chiorraigh m'anáil
nuair a chuiris do láimh
im thimpeall,
lagaigh mo chnámha
faoi ualach do chéad
fáilte romham ar ais.

Nuair a ghlanamar
doras an aerfoirt amach,
bhí do scáil rómhór
dom ghualainn
is an tsíoraíocht a d'fhágas
ar thonnta an aeir
ar mo shlí isteach
ag scinneadh amach
thar Charraig Aonair.

Harris Tweed

The jacket I got for a song
from the Salvation Army
in Wonthaggi
is soaked to the skin
as a tidal wave
washed back from heaven
drowns the lanes
and backstreets of Dublin.

What's left of the island
in the faded cloth remembers
its way home in the rain,
forgotten smells flooding
through torn buttonholes
in my memory:
>   wet turf
>   and clay pipes
>   on the hearth,
>   salted fish,
>   unwashed potatoes
>   in their jackets,
>   the stain of smoke
>   on Aran jumpers.

In the month of July in Inverary,
tea-towel grouse
and wooden claymores
were sold by a little Englishman,
cheerful as a Toby jug.

Harris Tweed

Tá an chasóg a cheannaíos
ar airgead tirim
ó Arm an tSlánaithe
i Wonthaggi thall
fliuch go craiceann
ag farraige tórach
ón spéir anuas
a bháigh lánaí
is sráideanna Átha Cliath.

Tá nádúr oileánda an éadaigh
ag filleadh abhaile sa chith,
a bholadh tréigthe
ag briseadh amach
tré shúilín stractha im chuimhne,
     móin fhliuch
     is píopaí cré
     i gclúid,
     iasc saillte,
     prátaí
     gan scumhadh,
     mus deataigh
     ar gheansaí Árann.

I mí na súl buí in Inbhear Earraigh,
bhí cearca fraoigh
is claimhte móra adhmaid
á reic ag Sasanach beag
a bhí chomh gnaíúil le crúsca Tóbaí.

The main street was a sheep run
for incoming buses
and the locals
tall as undertakers' hats
in the masts of ships,
bound for the other world in Canada.

On the floor of a cattle shed,
in the grounds of the castle,
a shadow the sun never healed
laid its cloak on your cold skin;
the scent of heather
was thick as mud in our mouths
and time to come as worn out
as a second-hand jacket
between you and the white earth.

Bhí an baile ina rith caorach
do bhusanna isteach
is a mhuintir chomh hard
le hataí adhlacóra
ar chrannaibh na mbád
ag triall 'on saol eile i gCeanada.

Ar urlár chró na mbeithíoch,
ar fhearann claímh an tiarna talún,
bhí taise nár cheansaigh an ghrian
ag leagan a brait
ar do chroiceann fuar,
bhí mus na raithní
mar ualach cré ár dtachtadh,
is an t–am le teacht
chomh caite le casóg athláimhe
idir tú is gile an fhóid.

About Time

She was always late,
as if someone had taken
a part of her time
and then mislaid it
in the back of a couch
or a crack in the wall
behind the dusty mantelpiece.
She couldn't go on till she found it again
in the gap between now and then.

Her husband corrected the fault
he thought was part of her nature,
turning the house upside down
to make up for time lost
between the measured stroke
of his watchful heart
and the irregular beat of hers,
that was never quite in time
in a world running down like clockwork.

She is late again
and we're packed in the back of a car
in disarray, like the inside
of a broken watch,
on our way, I imagine,
to eleven o'clock Mass.

Thar Am

Bhí sí déanach ariamh is choíche
mar a bheadh smut dá candam ama abhus
ar iarraidh i gcúl an chúits
nó i bpóca deannaigh
taobh thiar den matal
is gur leasc léi dul ar aghaidh
gan dul siar á chuardach
sa scoilt idir anois is anallód.

Cheartaigh a fear an dearmad
a bhí inti, dar leis, ó nádúr;
chas an tigh chun cinn ar an gclog
le breith ar ais ar an am a bhí caillte
idir buille Eilbhéiseach a chroí fhéin
agus buille mírialta na mná
a bhí díreach an méid sin
as alt i dticteach na cruinne.

Tá sí déanach i gcónaí
is táimid brúite i gcúl na cairte
chomh míshlachtmhar
leis an dtaobh istigh
d'uaireadóir briste,
ag triall, ní foláir,
ar Aifreann a haon déag.

In a clamour of bells
and blowing horns
rainwater spits
on the windscreen;
broken wipers
smear their sleeves
across the blinking window.

The driver stands
at the foot of the stairs in the hall,
constant as a line from the Bible
as the sun goes down
on his left wrist.

His whisper is quiet
as the murmuring leaves
of a prayer book
as he waits
for the clock to strike.

Tá cloig ag bualadh,
adharca á séideadh
is uisce ón spéir á dhoirteadh
ar ghrua an ghaothscátha.
Tá cuimleoirí basctha
mar chiarsúr linbh
ag smearadh deor
le súil an ghluaisteáin.

Seasann an draighbhéar
ag bun an staighre sa halla
chomh righin le líne ón mBíobla,
is an ghrian ag dul faoi
ar chaol a chiotóige.

Tá monabhar a bhéil chomh ciúin
le siosarnach na leathanach
i leabhar urnaí,
a chroí buailte
ag buile an chloig.

14 Washington Street

There was no light on the stairs
only the creak of steps under slippered feet
like breadcrumbs in a forest
for eyes that could read the compass of the blind.

Voices behind doors called out to her,
loneliness and fear wrestling each other
until her familiar accent answered them.
Hope seeped away in the silence

that followed her greeting. We stayed
close at her heels, climbing towards the sky
until she pushed her shoulder
against a pillar of darkness and stepped

across the threshold into storyland,
four floors up from the world.
She put a match to the gas fire
and its cigarette-glow shone

on sideboards crammed with boxes
that spilled their tinkle-tunes
until the walls turned like a barrel organ
around us. Holy statues were plentiful

as bright pebbles at a shrine to the Virgin,
St Anthony, St Martin de Porres, Joan
of Arc, their heads bent like daffodils
in prayer. Above in the attic, she said,

14 Washington Street

Bhí log an staighre gan solas
is gíog na gcéim fé thrácht slipéar
mar a bheadh spros aráin sa bhforaois
don tsúil a léifeadh compás na ndall.

Bhí guthanna taobh thiar de dhoirse
á fiafraí, uaigneas is sceon i ngleic
nó gur bhraitheadar a tuin aitheanta
á bhfreagairt. Shíothlaigh an dóchas

sa tost a lean a beannacht. Leanamar
ar a sála ag siúl i dtreo na spéire
gur chuir sí guaille le cuaille
den doircheacht is chuaigh thar tairseach

isteach sa bhfinscéal, ceithre urlár
os cionn an tsaoil. Chuir sí meáits
le béal an gháis is scal a loinnir
thoitíneach ar chófraí a bhí lán go gunail

de bhoscaí a dhoirt amach
a gceol cloigíneach nó gur bhog na fallaí
mar a bheadh orgán bairille inár dtimpeall.
Bhí deilbh ann chomh flúirseach

le púiríní ag scrín don Mhaighdin,
Naomh Antaine, San Márthain
de Porres, Joan of Arc, lusanna
ceannchromtha ag bláthphaidreoireacht.

just under the roof, there was a garden
the landlord knew nothing about
where apples, oranges, and sweet-
smelling mandarins grew thick

as mushrooms in the underground
dark. 'Bradley's, North Main Street'
was written on the plastic bag
that brought her treasure back

from the magic orchard. Faith glowed
like candles in the saucers of our eyes
that had witnessed the Blessed Virgin
in a glass dome covering the earth with snow,
from Medjugorie to the Western Road.

The day we moved her
half a mile away to Fort Street,
the roof beams were rotting in the rain
and the sky stared in at us
through a giant keyhole in the ceiling.

Distempered walls shed their skin,
showing veins in the plaster
eaten away by frost.

There was a basin on the pillow,
another on the bedspread,
newspapers awash with sob stories
covering the cupboards, tables,
and the oven that no longer worked.

Os ár gcionn in airde, a dúirt sí,
san áiléar i mbarr an tí, bhí gairdín
i ngan fhios don tiarna – úlla, oráistí
is maindiríní cumhra chomh tiubh

le muisiriúin sa doircheacht fothalún.
'Bradley's, North Main Street',
a bhí scríofa ar chúl an chiseáin
a d'iompair a ciste ón úllord draíochta

abhaile. Bhí creideamh chomh hard
le coinneal ar lasadh i bhfochupáin ár súl
a chonaic an Mhaighdean Bheannaithe
i gcróca gloine ag folcadh an domhain le sneachta
ó Mhedjugorie go dtí Bóthar an Iarthair.

An lá a d'aistríomar í
leathmhíle siar go dtí Sráid an Dúna,
bhí frathacha an tí loite ón mbraon anuas
is an spéir ag gliúcaíocht isteach
tré pholl mór eochrach sa díon.

Chaith fallaí leamhaolda a gcraiceann
gur nochtaigh féitheacha moirtéil
ite ag fiacail an tseaca.

Bhí mias ar an gceannadhairt,
is ar scaraoid na leapan,
nuachtáin ar maos le snagscéalta
ar chófraí, bhoird, is oigheann múchta,

Rain poured down like rent money
from a slot machine,
rattling saucepans, frying pans
and galvanized buckets on the old linoleum.

The grate was dirty
as a trampled cigarette
and all her priceless things
covered in dust when we carried
the light of other times
in black bin-bags
to the back of the van.

Her eyes were dry as a rag
when she took the handles from the door:

I wouldn't give him the itch,
the gangster, for fear
he'd have pleasure scratching it.

And she walked away from it all
without so much as a stitch of light
or a halo on her head,
out with the rest of us under the downpour.

báisteach chomh fras le pinginí cíosa
as béal sleaitmheaisín ag cnagadh
tiompán na sáspan, na bhfriochtán
is na mbuicéad stáin ar an tseanlionóil.

Bhí an gráta chomh salach
le toitín brúite faoi chois
is smúit ar a giuirléidí gan luach
nuair a chartamar a loinnir
ón saol eile amach
i málaí bruscair
go dtí cúl an veain.

Bhí a súil chomh tirim le ceirt
nuair a bhain sí na hanlaí
de dhoras an scéil ina diaidh.

Ní thabharfainn an tochas féin dó,
an gangster, ar eagla go mba shásamh
dó é a scríobadh.

Is shiúil ón lot, gan snáth solais
ná luan naoimh os a cionn
amach inár measc fé uisce an cheatha.

Rory

Cork City Hall 1976

A million miles away from you
right at the back of the hall
my heart was beating
the drums of my hands;
I hadn't a note in my head
only the grace notes you picked
from tangled strings
as the knot in my veins
was undone by your brilliant fingers.

I couldn't work out
why you kept tinkering
with the end of the tune
while the roar of our applause
rose up under the heels of your hands
that kept my dreams above water
as you walked the angry sea.

Did you really not hear
the tide flooding in behind you,
the waves of pounding feet
that rocked the floor of the City Hall
until it rolled like the deck of a ship,
that will never fill the emptiness
you left behind you on stage?

Rory

Halla na Cathrach, Corcaigh 1976

Milliún míle siar uait
thiar i dtóin an halla,
bhí mo chroí ag bualadh
tiompán mo bhas,
an chruit im chuisle á míniú amach
idir t'ordóg is m'inchinn bhuailte,
gan nóta im cheann
ach an spionnadh a chuiris-se
le sreanganna in achrann.

B'ait liom go raghfá ag tincéireacht
mar sin ar bhuille scoir an tiúin
is tormán ár mbasbhualaidh
ag líonadh fé shála do lámh
a thug snámh smigín dom mhian
ag trácht ar uisce coipthe.

An é nár airís an tuile
ag líonadh ort, rabharta cos is lámh
a dhein bord loinge den urlár
i Halla na Cathrach
is ná líonfaidh feasta an poll
a d'fhágais ar ardán id dhiaidh?

Can you feel it now,
our swiftfingered brightness,
as the light of heaven
shovels silence
on the eyes of the crowd
as they press against the stage,
calling you back from the dark:

Rory
Rory
Rory

Now can you hear me?

An mbraitheann tú anois é,
ár ngile mearluaimneach méar,
is solas na bhflaitheas
ag sluaistiú ciúnais
ar shúile an tslua
atá buailte le stáitse
ag glaoch ar ais ort ón ndoircheacht:

Rory
Rory
Rory

An gcloiseann tú anois ár nguí?

The Light

Again today, the light is so soft
you could put it on bread
fresh from the oven,
and let it melt
like holy communion
on your tongue,

or place it in a jar
in the medicine box,
a sovereign remedy
for the heart,

a poultice to draw the poison
of doubt from a festering brain
in the gangrenous dark of Winter.

Fuineadh

Arís inniu tá solas chomh mín
gur dheas leat a leathadh
ar arán ón oigheann
a leáfadh ar nós na habhlainne
ar do theanga

nó a chur i gcróca
i gcófra na gcógas,
íocshláinte
a chneasóidh do chroí,

ceirín a bhainfidh nimh
an amhrais as aigne dhorcha
in aimsir mhorgthach an Gheimhridh.

Congregation

It was like
disturbing the peace
of a young couple
eating each other alive
in the shut door
of the supermarket,
or opening the door
and finding yourself
in the wrong house,
happening like that
on a congregation of swans,
silent as frost
on Claddagh Road,
caught between black water
and the last light
in the sky.

Such righteous indignation
when I pushed my way past,
you wouldn't hear
in the kangaroo court
outside the cathedral on Sunday,
had you said the Rosary
out loud in a Methodist church,
or taken communion
from the minister's hand.

Tionól

Mar a thiocfá
gan choinne
tar éis meán oíche
ar lánúin óg
ag ithe a chéile
i ndoras iata
an ollmhargaidh,
nó go siúlfá
an doras isteach
sa teach mícheart,
is ea thánag ar na healaí
chomh ciúin le sioc
ar Bhóthar an Chladaigh,
i ngreim idir
doircheacht uisce
is gile luí na gréine.

An sioscadh is an cogar faoi fhiacla
nuair a ghabhas tharstu
ní chloisfeá i gcúirt an bhéadáin
i gclós na heaglaise Dé Domhnaigh,
dá ndéarfá an Choróin Mhuire
in ard do chinn
sa teampall Gallda,
dá nglacfá comaoineach
ó láimh an mhinistir.

O'Donoghue's Welcome

On the holy streets
of the City of the Tribes,
where legend has it
that Cromwell stabled his horses
in the sanctuary of a church,
there's a smell of spices in the air
that would whet
the appetite of God's wife.

A tin-whistle tune blows
from the belly of the old town,
the breath of history
through the cold walls
of South Connemara.

In the middle of the market
with her cow-eyes,
a Romanian woman
sits at the gates of St Nicholas's,
a placard around her neck
as though she were admitting
a mortal sin before the elders:

Ladies and gentlemen . . .
says the scrawny handwriting,
and we wouldn't pass her
any quicker if she exposed
a breast or a withered limb,
Ladies and gentlemen . . . please.

Fáilte Uí Dhonnchú

Ar shráideanna naofa
Chathair na dTreabh,
mar a bhfuair Cromail,
de réir an tseanchais,
lóistín dá chapall i sanctóir eaglaise,
tá boladh spíosraí san aer
a chuirfeadh faobhar
ar ghoile Céile Dé.

Tá port feadóige ag séideadh
as bolg an tseanbhaile,
anáil na staire isteach
tré fhallaí fuara
dheisceart Chonamara.

I lár an aonaigh
lena súile bó, tá bean
ón Rúmáin ina suí le geata
meánaoiseach an tséipéil,
cárta mór faoina muineál
mar a bheadh peaca marfach
á admháil aici i láthair na bhfíréan.

Ladies and gentlemen . . .
a deir an pheannaireacht chaol,
is ní scoithfí níos tapúla í
dá nochtfadh sí cíoch
nó géag theasctha.
Ladies and gentlemen . . . please.

The polystyrene cup at her feet
is filled to the brim
with the best wishes
of the Minister for Justice (sic),
her stomach singing with hunger.

Tá an cupa *polystyrene* os a comhair
ag cur thar maoil le dea-mhéin
an Aire Dlí agus Cirt (sic),
a goile ag ceol le hocras.

The First Day Ever

An afternoon in January
when the northern hemisphere turned
on its heel, back towards the light,
word came through unexpectedly
that your favourite aunt had passed away.

We spent the night waking her,
coaxing her with words
that held her breath
a while longer in our world.

We resurrected stories from the vault
where all the tales of your crowd are kept,
the stuff of legend no folklorist has classified as yet,
until her cheerful shadow appeared
in sensible shoes before me

on a summer promenade in Little England,
enthralled by plastic knick-knacks
and lewd postcards in hucksters' stalls,
the candyfloss of her bones
untouched as yet by the claw of cancer.

I stayed a hand's-breadth away from you,
to make room
for the guardian angel of sorrow
that has stood by you ever since,
until morning came round,
as quiet as a three-wheel car
in the unusual snow.

An Chéad Lá Riamh

Tráthnóna i mí Eanáir
nuair a chas an leathchruinne thuaisceartach
ar a sáil ar ais i dtreo an tsolais,
tháinig scéala gan choinne
gur shéalaigh an aintín ab ansa leat.

Chaitheamar an oíche á faire,
á mealladh le focail
a ghreamaigh a scáil seal eile abhus.

Réabamar reilig na cartlainne
a chuimsigh stair do dhearbhfhine,
scéalta móra nár chláraigh aon Lochlannach go fóill,
nó gur shiúil a scáil aerach
i mbróga staidéartha os mo chomhair

ar phromanád samhraidh i Sasana Beag,
faoi gheasa arís ag iontaisí plaisteacha
is cártaí graosta na hucstaeirí cladaigh,
maide milis na gcnámh
gan chreimeadh fós ag fiacail na hailse.

Choinníos fad láimhe siar uait,
le slí a thabhairt
d'aingeal coimhdeachta an bhróin
nár thréig a phort
ar do ghualainn ó shin
gur tháinig an mhaidin bhán
chomh ciúin le carr trírothach
sa sneachta neamhghnách.

A milk-truck rounded the green
with a murmur of wheels,
quiet as the edge of a raised curtain.

When I came back from the electric cowshed,
the dew on the bottles
was cold as the grimy shillings
I had stolen from the poor box
under the phone in the hall.

Take your time, you said,
your voice as soft as the tips
of your fingers against me.

Take your time, you said,
and where's your hurry?

That afternoon in January,
your favourite aunt
abandoned the sun,

the world at our feet
turned and turned again
towards the inevitable cold,

my northern heart
moved closer to the unexpected light.

Ghluais trucail an bhainne
timpeall na plásóige le monabhar rothaí,
chomh ciúin le cuirtín á tharrac.

Nuair a thánag ar ais ón mbóitheach aibhléise,
bhí an t-allas ar leacain an bhuidéil
chomh fuar leis na scillingí smeartha
a ghoideas ó bhosca na mbocht
faoi bhun an ghutháin sa halla.

Go réidh, a deir tusa,
de ghlór chomh mín
le point do mhéar im choinne.

Go réidh, a deir tú,
nó cá bhfuil do dheifir?

Tráthnóna i mí Eanáir
is an aintín ab ansa leat
ag ceiliúradh ón ngrian

bhí liathróid na cruinne
fé bhoinn ár gcos
ag gluaiseacht de shíor
i dtreo na gcríocha fuara

is mo chroí tuaisceartach
ag bogadh i dtreo an tsolais anabaí.

Pride of Bearing

and so what if this is the form
that best becomes you,
your belly as great as a minster bell
sounding the irregular hours
from the pulse of matins
to the blood of evening;

your left hand in the small
of your back keeps your pride
on an even keel, as a man might lean
against the mast of a ship
while the giddy floor of the world
heaves beneath his matchstick heels;

when night-time storms
the seaside town
where lust has run aground,
the breath of darkness topples chimneys
from the garrison houses on the prom;

I reach across the wreckage
thrown up on the bed,
as your stowaway below
beats with fists and feet on the door
of my belly, a cuckoo clock
counting the shortening days
until her time strikes and she blows me away.

Uabhar an Iompair

is n'fheadar ná gurb é seo anois
do chruth féin is do chló ceart,
do chom chomh mór le clog ardeaglaise
ag ceiliúradh na dtráth gan riail
ó iarmhéirí go heasparta na fola;

tá do chiotóg buailte le clár do dhroma
mar phrapa le huabhar an iompair,
mar a chuirfeadh fear a ghualainn
le seolchrann báid
is urlár luaineach an tsaoil
ag luascadh féna shála cipín;

nuair a shéideann an doircheacht
ar an mbaile cois mara
mar a maireann mo dhúil,
baineann a hanáil
simléirí na dtithe gallda ar bhóthar na trá;

sínim láimh leat thar an mbruth faoi thír
i lár na leapan is do phaisinéir laistíos
ag gabháil de dhoirne is de bhuillí cos
ar dhoras mo bhoilg, clog cuaiche
atá ag cuntas na laethanta fé dhithneas
sara gcuireann mo chabhail in aer

End of the Line

It won't do you anymore,
the slit skintight dress
that measured in your eyes only
the change in your girlish figure
to its full womansize,
it won't do you anymore.

A light breeze plays with its empty shape
on the loose clothesline outside,
finding curves and straight lines
that have nothing to do
with your treacherous body
since it turned inside out against you,
when the secret hollow under your waist
split like a wishbone.

The long dress laps at your swollen calves
and you're short of breath in the unusual heat;
you open the top button of your blouse
as if there was a mouth at your breast
sucking the good from the air,
devouring your share of oxygen.

You drink water
as though it's your element
and you'd think nothing of inhaling honey
through your wide-open pores;

Deireadh na Líne

Ní raghaidh sé ort níos mó,
an gúna scoilte dlúthlecraiceann
a bheachtaigh, dar leat,
aistriú do cholainne néata
go dtí a cló cruinn lánbhaineann;
ní raghaidh sé ort níos mó.

Líonann an leoithne a chruth tréigthe
ar an líne scaoilte lasmuigh,
aimsíonn cuair agus ingir
ná baineann led chabhail tréasach níos mó
ó d'iompaigh isteach is amach id choinne
nuair a scar mar a bheadh cnáimhín súgach éin
cuas na gcnámh féd choim.

Tá sciorta fada fairsing
ag slaparnach led cholpaí ata
is giorranáil sa teas neamhchoiteann ort;
scaoileann tú cnaipe in uachtar do bhlúis
mar a bheadh béal úr in aice do chín
ag diúl an mhaith ón aer máguaird,
ag alpadh do chandaim ocsaigine.

Ólann tú uisce
amhail is gurb in é anois do dhúil
is gur bheag leat mil a shú
tré phóireanna leata do chnis;

your attention is fickle as a goldfish
who forgets the wonders of his glazed world
with every flick of his tail.

Every time you move,
you forget, I think, I'm there,
as you swim through the dull kitchen air
like there were barrels of oil
in your way. And that swan-like body
in my head to which my heart
gave in forever and a day,

you won't put it on anymore,
the tyranny of my eyes
that held your growing body
tight as the ties of marriage,
it won't do you anymore,
you won't put it on again.

tá t'aire chomh caol le hinchinn éisc órga
a dhearmadann iontais a chruinne gloine
le gach buille dá eireaball.

Le gach cor de chois is láimh,
dearmadann tú, is dóigh liom,
gur ann dom, ag snámh leat
tré leamhaer na cistine
mar a bheadh bairillí ola
sa tslí ort. Is an corp mar ghéis
im cheann dar thug mo chroí

a ghean síoraí, ní chuirfidh tú
ort níos mó, aintiarnas mo shúl
a leag crios caol crua ar do ghéaga móra,
chomh dlúth le nasc is cuing an phósta,
ní chuirfidh tú ort arís,
ní ligfidh tú ort níos mó.

The Drowning Man's Grip

A loose washer,
a tap dripping
into the sink,
the blip of your heart
on the labour-ward monitor,

the distress signals of your pulse
transmitted
to the listening screen,
a morse code
I don't understand.

Your smeared skin
is slick as a seal's
(if seals had shoulders)
as you feel your way
through the blind channels,
coming up too quickly to the air,
the weight of the ocean
pressing down
on your submariner head.

You breach the door
of the drowned world
barking with pain
after your journey,
shedding the skin of the sea
from legs, waist, chest,
jaws, ears, nose and chin.

Greim an Fhir Bháite

Loicneán scoilte coic
ag sileadh ón mbuacaire
isteach sa doirteal
guth do chroí
ar ríomhaire san otharlann,

teachtaí do chuisle
á bhfógairt ag dord aibhléise
i gcluais an scáileáin,
sreangurlabhra nach dtuigim
a rúnscríbhinn Lochlannach.

Tá do chabhail smeartha
chomh bealaithe le rón
(dá mbeadh gualainn ar rón)
ag cuardach slí sna caochphoill,
ag teacht aníos róthapaidh
chun an aeir, is meáchan
an aigéin ag fáisceadh
ar do chloigeann tumadóra.

Réabann tú doras
an tsaoil fothoinn,
ag tafann le tinneas an aistir,
craiceann na mara
á chaitheamh agat
de chosa, chom is chliabh,
de ghialla, chluasa, srón agus smig.

The deep still shackles
your fingers and baby
toes to the tide

that prises the drowning man's fingers
from the capsized gunwale of my chest,

cleansing that original stain
from my unclean heart.

Tá geimhle an ghrinnill
gan scaoileadh fós
den scamall craicinn

a ghreamaíonn do mhéara
is do bharraicíní linbh don tsuaill

a scaoileann greim an fhir bháite
de ghunail iompaithe mo chléibh,
a sciúrann smál an tsinsir
dem chroí neamhghlan.

The Pangs of Ulster

Outside the circle
of pain
that racked your body
with the pangs of Ulster,
that fenced the bed
where you lay,
not lying, but writhing
like an animal in a crush,
I watched my beloved
strain her heart
to lift a stone
three hundred men
couldn't shift, to catapult
from her arched back
a slab of rock
that would crush
the bones of a stickman.

When the midwife
snipped the cord
that bound her to the other world
her girlface became old as Fionnuala's,
one hand soft as swandown
on the child
she brought back
from eternity,
the other wasted
as bloodsoaked sheets.

Ceas Naíon

Scoite amach
ar imeall an tinnis
a riastraigh do chabhail
le pianta Uladh,
a thimpeallaigh an tocht
mar a rabhais i luí
nár luí in aon chor
ach únfairt ainmhí i gcró,
chonac mo bhean ghaoil
ag cur straein ar a croí
chun mullán nárbh fhéidir
le trí chéad fear a bhogadh,
leac a mheilfeadh
cnámha bodaigh,
a theilgean
dá drom oscartha.

Nuair a bheir an bhean chabhartha
deimheas leis an ngad
a cheangail don saol eile í,
tháinig aois Fhionnuala
ar a snua cailín,
leathláimh chomh mín
le cliathán eala
ar an ngin a rug sí
ón saol eile abhaile,
leathláimh chomh seargtha
leis an mbráillín smeartha.

Grammar

You can't talk yet, and you're not
too put out about that.
Words send you into convulsions,
especially verbs – the Imperative Mood
is the funniest thing you've ever heard.
Wake up. Go asleep. Do. Don't. Be.

You have your own lingo
any fool could understand,
even a linguist, given time.
Grin. Yowl. Gurn.
Yawn. Grunt. Silence
that makes perfect
sense to everyone.

You're behind schedule
according to doctors' charts,
the childish child experts.
But if you learn, and I'm afraid you will,
as many words as there are rules of grammar
in the libraries of An Gúm,

you won't say a blessed thing
worth anything more
than what you've already learned
in the womb's elocution room,
the punctuation of laughter back to front,
the declension of rain into tears.

Gramadach

Níor tháinig do chaint leat fós,
ná níl aon chorrabhuais
ina thaobh san ort.
Cuireann briathra sna trithí tú,
is an Modh Ordaitheach,
ní mór ná go dtachtann le greann.
Dúisigh. Codail. Dein. Ná dein. Bí.

Tá do bhéarlagair féin agat,
réamhurlabhra a thuigfeadh dúramán
nó an teangeolaí féin le haimsir.
Straois. Strainc. Scread.
Gnúsacht. Méanfach. Tost
gur léir don uile a bhrí uilíoch.

Tán tú chun deiridh
de réir chairteacha na ndochtúirí,
na saineolaithe linbh leanbaí.
Ach má thugann tú leat,
mar is baolach go dtabharfaidh,
oiread focal is 'tá rialacha grainéir
i leabharlanna an Ghúim,

ní déarfaidh tú aon ní
gur fiú aon ní in aon chor é
thar an méid a d'fhoghlaimís
in aragal na broinne,
poncaíocht do gháire droim ar ais,
díochlaonadh na fearthainne id dheoir.

Setanta

If I so much
as lay a finger
on his wrist, slender
and breakable as chalk,
smooth as the *bas* of a hurley,
his blood boils
with a furious heat
that would shatter a barrel of ice.

The seething blood
clamps his young body
fast as a metal hoop,
tight as family,

seven years old
and already of age,
ready and able for any firbolg.

I only want to quieten him,
to settle him down.

My fingers
leave their mark
on skin that is smooth
as cold water
running from me
in the shower,
the tang of salt
and weight of a wave

Setanta

Má leagaim méar
ar a riosta caol,
sobhriste mar chailc,
chomh mín le bais chamáin,
fiuchann a chuisle
le doighear teasa
a phléascfadh tunna uisce.

Fáisceann bruith fola
chomh tréan le fonsa miotail
nó mórtas cine
ar a ghéaga linbh

seacht mbliana glan
ar a theacht in inmhe,
rómhaith d'aon fhear boilg.

Níl uaim ach a cheansú
is a chur chun suaimhnis.

Fágaim prionda mo mhéar
ar chraiceann
atá chomh slim
leis an uisce fuar
a ritheann síos díom
sa bhfolcadán,
blas an tsáile
is meáchan toinne

in every little drop
that hits me
with its useless fists.

When my head
breaks through a window
in the waves,
and I can breathe again,
blowing steam
from my fuming body,
a sea of glass
shatters over my head,
the sharp prick
of pins and needles
under my skin
burning like frostbite

until I am frozen fire,
scorched ice inside.

All he wants
is to quieten me down,
to stop me dead.

i ngach miondeor
atá ag gabháilt de dhoirne
gan éifeacht orm.

Nuair a bhuailim mo cheann
tré pholl fuinneoige sa tonn,
chun anáil a tharrac
a scaipfidh an gal
dem chabhail riastartha,
pléascann farraige ghloine
os mo chionn,
snáthaidí géara
codladh grifín
ag snámh ar fud mo ghéag,
á róstadh le sioc

nó gur cuimse teas
is fuacht mo choirp

nach bhfuil uaidh
ach a cheansú
is a chur.

Heredity

There's no denying
the blood that goes through me
from my mother's side,
leaving one snarled tooth
in the roof of my mouth,
an itching post in the field
of my thoughts, an ogham stone
that shouts me down
with its unintelligible alphabet.

I put my swollen thumb
under the tooth of knowledge,
and the stone speaks up
from the underworld of my thoughts:
*You were always a black sheep
like all belonging to you,*
hard words like grains of sand
in the corner of an eyelid
shut tight as an oyster.

When a blade of light
prises it open,
there's a tooth askew
in my son's mouth.
It shines like a pearl
in his perfectly crooked smile.

Oidhreacht

Ní féidir é a bhogadh,
an braon fola a doirteadh
ó thaobh mo mháthar ionam,
a d'fhág starrfhiacail chlaon
im charball uachtair,
bollán tochais i ngort
mo mharana, oghamchloch
a bhodhraíonn m'aigne
lena haibítir bhalbh.

Cuirim ordóg ramhar
fé fhiacail an fheasa
is labhrann an gallán
as íochtar comhfheasa amach:
Cúl le cine, cúl le cine
mar is dual cine ded shórt,
focail chomh crua
le gráinne gainimhe
fé chaipín súile
atá iata chomh dlúth le sliogán oisre.

Nuair a osclaíonn scian an tsolais
a bhéal ar maidin,
tá fiacail ar sceabha i ndrad mo mhic,
gléas chomh hard le niamh an phéarla
ar a gháire neamhfhoirfe gan teimheal.

Sorcha

When she talks to trees,
apples and plums
sprout in her fist,
grapes from the vine
and strawberries
give themselves up
to her loving hands.

Cats and dogs recognize her
as one of their own;
their fur coats speak
satin words
to her listening cheeks.

She goes out like a light
when the dark is let in
and doesn't come back
until morning breaks
from the buckles
of her curling hair.

The sun rises in me
from the slipknots
of her undark name.

Sorcha

Má labhrann sí le crann,
bláthaíonn úll
nó pluma ina glaic;
cuardaíonn an fhineamhain
is an sú talún
béal a baise gan chraos.

Aithníonn cait is madraí
a gcineál féin,
labhrann a gcótaí fionnaidh
briathra sróil
lena grua biorchluasach.

Téann sí as
nuair a ligtear
an doircheacht isteach
is ní thagann ar ais
nó go scaoiltear an mhaidin
as búclaí a foilt.

Éiríonn an ghrian ionam
as dola reatha
a hainm nach dorcha.

Omens

There's thunder in the air.

A black cat
tumbling
on a corrugated roof.

Lightning.

Bright paws
skim
the window sill.

The first drops of rain.

Spit from the mouth
of a cloud, arched
like the back of a feral cat

and stretched
like a rainbow
across the earth.

It would swallow the world
from a saucer of milk.

Tairngreacht

Tá toirneach air.

Piscín ag sciorradh
thar iomairí
iarainn an dín.

Tintreach.

Na lapaí bána
ag scinneadh
ar lic fuinneoige.

Tús fearthainne.

Seile as béal scamaill
atá chomh cam le cruit
ar dhroim cait allaidh.

Chomh leathan
le bogha ceatha
os cionn an tsaoil

a shlogfadh an domhan
as fochupán bainne.

Notes

p. 66. A score is a bowling match – roadbowling is still a popular sport in Cork and Armagh.

p. 80. The poem is based on the testimony of an aboriginal man from a television documentary entitled 'Black Magic', in which he told how his children were taken to be fostered out to white families, as part of the Australian government's policy of assimilation.

p. 86. The Isle of the Dead, or Dead Island, as it was known by the convicts, was the burial ground at Port Arthur, a brutal penal settlement in Tasmania, where the so-called 'incorrigibles', convicts who reoffended before their original term of imprisonment had expired, were sent. The regime at Port Arthur was characterized by physical brutality, justified by a distorted religious sense that degradation of the body might provide a basis for spiritual renewal. Among the more extreme punishments meted out to prisoners was solitary confinement in 'the dumb cell', whose walls were so thick that confinement was a form of sensory deprivation, as no light or sound could penetrate the walls. The prisoners' beds were designed to prevent sleep, being too narrow to allow a man lie comfortably on his back. In the isolation unit, prisoners wore a hood to prevent them making eye contact with others.

p. 106. 'Mary Meaindí' is the name given to the long finger in a nursery rhyme for children, included in Nicholas Williams's brilliant collection, *Cniogaide Cnagaide*. The final line of the poem might be translated as 'drive it on, girl, drive it on.'

p. 135. 'Gile meata' meaning 'scared brightness' is a distortion of 'gile mear', literally 'swift brightness', the title of a famous Munster Jacobite song. 'Gráinne Mhaolchluasach', literally 'droop-eared' or 'crestfallen Gráinne', is a distortion of Gráinne Mhaol, aka the pirate queen Grace O'Malley. 'Buinneachán buí ó' is a distortion of 'An

Bonnán Buí', 'The Yellow Bittern', the title of a famous poem by Cathal Buí Mac Giolla Ghunna.

p. 152. 'Kaykweeawillthoo' is an anglicized spelling of 'Cén chaoi a bhfuil tú?' (How are you?) as it might be pronounced by someone learning Irish; likewise, 'Thorampogue ashtore' for 'Tabhair dom póg, a stór' (Kiss me, love). 'Lá breá', meaning 'fine day', is a term used by native speakers of Irish to refer to those learning the language. 'Clais, criathrach, díog' are the Irish words for trench, bog and ditch respectively; similarly 'clúid, gríosach, tlú' mean nook, embers, poker. 'Pilibín cleite' derives from 'Pilib an chleite', literally 'Philip of the feather', an owl. 'Pilibín', literally 'little Philip', means something very small.

p. 170. 'Síoda na mBó / Silk of the Kine' is a synonym for Ireland in one of the great traditional song-poems 'An Droimeann Donn Dílis', literally the faithful brown white-backed cow.

p. 174. The poem derives from a visit to the house of the great Scots-Gaelic poet Iain Mac a'Ghobhainn. The image of the undertakers' hats in the masts of ships bound for Canada is one I mistakenly thought I had stolen from him.

p. 214. 'Ceas naíon', literally labour pains. 'Ceas Uladh', the pangs of Ulster, is translated by Dinneen as 'the periodic novena of languor to which Macha's curse subjected the Ulaidh.' The curse was inflicted on the men of Ulster for failing to prevent the death of Macha, who died in childbirth while making good her husband's boast that she could outrun the swiftest horse.

p. 224. Sorcha is a girl's name meaning brightness, the opposite of 'dorcha', the last word of the poem.

A note on the translations

The poems included here are drawn from four collections in Irish: *Próca Solais is Luatha* (1988), *30 Dán* (1992), *Seo. Siúd. Agus Uile* (1996) and *Corcach agus Dánta Eile* (1999), all published by Coiscéim. The first three of these are now out of print and, weather permitting, the remaining volume will have leapt from the shelves by the time you read this. Three bilingual selections, *Aimsir Bhreicneach / Freckled Weather* (1993), *Gobán Cré is Cloch / Sentences of Earth and Stone* (1996), and *Corcach agus Dánta Eile / Cork and Other Poems* (1999), published in Australia, with my own translations into English, have been out of print and unavailable for some time.

The translations included in this selection are the result of close collaboration between the author, Biddy Jenkinson, Mary O'Donoghue and Kevin Anderson. All of the translators worked directly from the Irish, and almost all of the English versions published here are composite works, an amalgamation of the contributions of two or more translators. Even the poems that have been translated entirely by the author have benefited from the advice of his co-conspirators. The author is, however, responsible for the final choices made with regard to what might otherwise appear to be a more or less democratic process. In fact, the basic principle of translation was that the English should, as far as possible, be sufficiently close to the Irish as to enable a reader to move back and forth between the poem and its translation, and sufficiently close to the author's own voice in English as to allow him to read the translations with conviction; in other words, to read his own work in another language without feeling that he had become a ventriloquist's dummy speaking someone else's words. That said, all of the translators have left their own individual marks on the work presented here, for linguistic detectives who wish to make a forensic examination of the texts. Despite my instructions, they tell me it's too hard to write if you're wearing gloves.

While I have made minor changes to a number of the poems in Irish, I have avoided the temptation to rewrite poems from the dubious perspective of hindsight. The only exception is 'Oileán na Marbh / The Isle of the Dead' where I have contracted the opening section, after individual attempts at translation by all four translators foundered on an unnecessary confusion in the first three stanzas of the poem as it was originally published in Irish.

Louis de Paor, Uachtar Ard, Meitheamh 2005